15歳

サッカーで生きると誓った日

梅崎 司

徳間書店

小学5年生、長崎FCの一員として出場した試合

中学１年生、キックスFCでの試合

トリニータユースでの1年目が終わり、祖父の家の前での3ショット

高校3年生、プリンスリーグで地元・長崎のチームと対戦した試合

©アフロスポーツ　ユースからトップに昇格したのが2005年、翌年の途中からレギュラーに定着した

©Tsukasa Umesaki

プロ2年目、チームメイトの西川周作とともに、トリニータから初のA代表に選出された

©アフロ

2007年1月、フランスのグルノーブル・フット38に入団。全番号8を渡され希望に満ちていた

初めての海外クラブでのプレーは苦難の連続だった

©Icon Sport

©アフロスポーツ

アジアカップ2007の予選、短い時間だったが日本代表デビューを果たした

©アフロスポーツ

U-18からU-23まで、各年代の代表でもプレーした

ビッグクラブの浦和レッズに移籍。そのなかでもミシャ監督から指導を受けた戦術は大きな衝撃だった

©Masahiro Ura

初めて手にした大きなタイトル、ACL2007優勝。周作とともにピッチに立てた

©Masahiro Ura

監督と選手である前に人と人として向き合う曺貴裁《ちょうきじぇ》監督の指導にも大きな影響を受けた

©森田直樹／アフロスポーツ

2018年10月、ベルマーレの一員として
Jリーグカップで優勝を果たすことができた

©Etsuo Hara

©Masahiro Ura

2021年、13年ぶりにトリニータに戻ってきた。2023年には主将としてもチームを牽引する

©J.LEAGUE

©J.LEAGUE

©Masahiro Ura

©Masahiro Ura

©Masahiro Ura

©Masahiro Ura

長男の七大陽《なおひ》と長女の七菜子《ななこ》と公園で遊んでいると、
自分が歳を重ねたことを実感する。
そして、嬉しさが湧き、心から幸せを感じる

新装版刊行に寄せて

２０１７年、壮絶な経験をした幼少期からの記憶と、プロサッカー選手として歩んできた12年間を綴《つづ》った書籍の刊行は、予想以上に大きな反響がありました。

あれから約６年の歳月が経ちましたが、このたび新装版として、本作品を再び世に出す機会をいただきました。お話をいただいたときは、正直、驚きましたが、この作品は自分の人生を余すところなく描きった、自分の体の一部のような作品です。いまでも本の感想をいただきますが、それが再び新装版という形であらためて世の中に発表されるのはとても幸せなことです。

新装版にあたり、もう一度、作品を読み返しました。そのうえで構成者の安藤隆人さんと、あらためて腹を割って本音を語り合い、最後に、その後のストーリーとして新たな「エピローグ」を加筆しました。

２０２１年７月、私は13年半ぶりに、15歳のときに決断をして覚悟と人生をかけてやってきた大分に戻ってきました。この場所で、新装版を発表できることに運命を感じつつ、周りの人たちへの心からの感謝を申し上げたいと思います。

初めて読まれる方も、すでに作品を読まれている方も、ぜひ私のこれまでの人生を読んでいただけたらと思っています。36歳になったいまの僕が、なにを感じて、なにを考えているのかを知ってほしいと思います。

そんな想いを込めて、本書をお届けします。

プロローグ

ぼくが見慣れていた光景は、あってはならない現実だった。

なんでぼくの父と母は仲良しじゃないんだろう。なんでいつも母は泣いているんだろう。周りからすると、〝あってはならない現実〟は、ぼくが物心ついたときからだった。

「おはよう、お母さん」

そう言ってリビングに行くと、そこには涙を流す母の姿があった。

「どうしたの？」

ぼくがそう聞くと、母は決まって「ううん、大丈夫。なんでもないよ」と涙を拭いながら答える。それがぼくの家庭では日常的な会話だった。

最初はよく理解できなかったけれど、徐々にそれがよくないことであるかがわかるようになっていった。

小学校に上がる前のぼくは、長崎県諫早市《いさはやし》幸町《さいわいまち》内の平屋建ての一軒家に住んでいた（以降、幸町と表記)。島原鉄道の線路沿いに家があって、汽車の通り過ぎていく音が日常的に聞こえてきた。でも、汽車よりもずっと耳に残ってしまう音がほかにあった。

「バン！　ドン！　バーン!!」

寝ていると、突然、大きな物音が聞こえてきた。隣の部屋をそっと覗《のぞ》いてみると、父が母を殴りつけていた。

最初は何が起こっているのかわからなかったけど、ただただ怖かった。すぐに布団に潜り込んで必死で耳を押さえた。

それが日常化していき、いつしかぼくは父の殴る音や母の悲鳴が聞こえた瞬間にトイレに逃げ込んで、震えながら音が鳴り止むのを待つようになった。

何回そんなシーンがあったのかは、正直、覚えていない。

ぼくが保育園に通っているとき、いまでも脳裏に焼きついて離れない出来事があった。

その日、ぼくはいつもと同じように寝室で寝ていた。

「ぎゃぁぁぁ!!」

耳をつんざくような悲鳴がした。

「お母さんの声!?」

ぼくは目を覚ますと、その音がいつもの隣の部屋から聞こえてこないことに気がついた。

声や物音をたどっていくと、お風呂場に行きついた。

少し開いていたお風呂場のドアを覗き込むと、そこには母の髪の毛をつかんでいる父の姿があった。お湯が張られた浴槽に何度も、何度も、母の顔を沈ませていた。

一瞬にして、ぼくの心は恐怖に包まれた。

「止める」という選択肢を、当時のぼくは選ぶことができなかった。

ただ、父が母の顔を執拗に湯船に沈め、母が泣き叫ぶ姿に、「その場から逃げ出したい」という気持ちしか浮かばなかった。

ぼくは耳を押さえながら寝室に戻り、布団に潜り込んだ。

震えが止まらなかった。ぼくは必死で「なにも聞こえない、なにも聞こえない」と言い聞かせた。気がつくと、ぼくは布団にくるまった状態で眠っていた。

「司、朝よ。起きなさい」

翌朝、起こしてくれた母はいつもの笑顔だった。

その笑顔を見ると、ぼくはなにも言えなくなった。昨日の夜の出来事について、母に言えなくなっている自分がいた――。

目次

第1章

卒業文集に書いた夢

誕生〜小学校時代

異様な日々に差し込んだ希望の光

1987年2月23日。ぼくは江湖《えご》家に生まれた。

体重2600グラム、身長45センチの小さい赤ちゃんだった。相当な難産の末に生まれたぼくは、1歳までは病気がちで、入退院を何回も繰り返すほどだった。

食べものをあまり受けつけず、なにを食べても吐いたりしていた。

父はそんなぼくが嫌いだった。母はぼくの育て方で、よく父に怒鳴られていた。

「わい（お前）の飯の作り方が悪か！」

父方の祖母からも、母はこう言われていた。

「だれに似とっとね、この子は。潔《きよし》（父）は、こがん子（こんな子）じゃなかった！」

ぼくは本当に望まれて生まれてきたのだろうか。幼心《おさなごころ》にそう思ったことが何度かあった。

でも、ただ一つだけ真実がある。それは母がぼくを信じて、ぼくを全力で愛してくれたということ。


母の愛があったからこそ、ぼくはまっすぐ前を向いて生きることができた。

でも、大切な母は家にいると、常に泣いていた。ぼくの前では笑顔を見せてくれるのに、こっそり母の顔を覗くと、涙がこぼれていた。

父の暴力は、ぼくが1歳を過ぎてから激しくなっていったらしい。そして、1990年10月16日に弟の渉が生まれてからはより激しさを増していった。

幸町の家にぼくの逃げ場所はなかった。

ふすま1枚をはさんだ隣で父は母を叩く。その音を必死で遮《さえぎ》りながら、暴力が終わるのを待つ。ときには島原鉄道の列車の音や、赤ちゃんだった渉の泣き声がその音を遮ってくれたことで安心したこともあった。

そんな毎日が続いた。母の顔が青く腫れ上がり、別人のようになってしまうことも珍しくなかった。

そんな異様な日々に、あるとき一筋の光が差し込んだんだ。

白くて丸いボールを蹴る。ただそれだけのことなんだけど、ぼくにとってすごく楽しくて、刺激的なことだった。

ぼくが小学校に入りたてのころ、母の兄である高介《こうすけ》叔父さんの家に遊びにいったときだった。

叔父さんの隣の家に、ぼくより1つ上のおにいちゃんがいた。そのおにいちゃんの父親は、当時すでに強豪で鳴らしていた鎮西学院高校サッカー部の監督だった。おにいちゃんは父親の影響を受けてサッカーをやっていて、叔父さんの家にサッカーボールを持ってやってきた。

「司くん、一緒にサッカーをしよう」

そう誘われるがまま、ぼくは近所にあるグラウンドでおにいちゃんと一緒に初めてボールを蹴った。

「司くん、ぼくからボールをとれるかな」

最初はボールを蹴り合っていたけど、いつしか1対1をやっていた。おにいちゃんはめちゃくちゃうまくて、ぼくが何度走っていっても、ボールを奪うことができない。

「あれ？　あれ？」

全然ボールに触れられない。

だんだんそれがすごく悔しくなってきて、「絶対に捕ってやる！」と何度も立ち向かった。

結局、ぼくはなにもできなかった。

「悔しい……次は絶対おにいちゃんからボールを奪いたい」

そう思うと同時に、「なんだろう、ものすごく楽しい」と思った。

「ボールを全然奪えなかった。それが悔しかった。お兄ちゃんに勝ちたい。……でも楽しい」

ぼくの中にこの二つの感情が芽生えた。

叔父さんも昔は本気でサッカーに打ち込んでいて、海外留学をしようと思うほどサッカーが大好きな人だった。ボールを蹴るぼくの姿を見て、そこから叔父さんの家の庭で一緒にボールを蹴ってくれるようになった。本格的にやらせてみたらどうだ、と母に提案したのも叔父さんだった。

叔父さんの紹介で、ぼくは母と地元の長崎フットボールクラブ（ＦＣ）の練習を見学にいった。叔父さんの家の近くにある広い土のグラウンド。そこでぼくより大きなお兄ちゃんたちが、サッカーを一生懸命プレーする姿に釘づけになった。

母と手をつなぎながら、その姿をひたすら眺めていると、徐々に心の底から感情が込み上げてきた。

「楽しそうだな。ぼくもあそこに入りたいな。一緒にサッカーしたいな……」

ぼくはうずうずし始めた。すると向こうからコーチが走ってきて、「よかったら一緒にやりませんか？」と声をかけてくれた。

母は少し困惑した様子で、

「今日は見学しにきたんですが……」

とコーチに答えると、

「君、どうする？」

と、ぼくの顔を覗き込んできた。

「ぼく、やりたい!!」
そう言うと、コーチはぼくの手を引いて、グラウンドに連れていってくれた。そこでぼくは同じくらいの年代の選手とプレーし、一気にサッカーの魅力に取り憑《つ》かれた。

楽しいし、没頭できる。正直、これまでぼくは日常の中で純粋に「楽しい」と感じたことがなかった。

ぼくにはお父さんと遊んだ記憶はなくて、家族で旅行に行くこともなかった。ご飯を食べるときも会話はなく、〝叫び声〟と〝叩く音〟が聞こえる日々だった。

だからこそ、ただサッカーをやっていることが、すごくすごく楽しかった。

母にはその瞬間のことがいまでも忘れられないほど印象に残っているらしい。母はのちにこう言っていた。

「嬉しそうにみんなとボールを追いかけている姿を見て、あんなに小さい司の背中が二回り、いや3倍以上に大きく見えた。そのとき『ハッ』としたんだ。司がやるべきことはサッカーなんだって」

母はぼくがサッカーをやることに賛成してくれた。

「司は好きなように楽しいことをやりなさい」と、ぼくに常に言ってくれた。

でも、父は違った。

「わいはサッカーやるな。勉強しろ！」

「チビのくせに、なにがでくい（できるん）や！　いますぐやめろ」

いつも父はぼくのサッカーを否定してきた。

ぼくは週1、2回程度の練習をするコースに入ったのだが、入団後すぐに週3、4回練習をして試合にも出られる「選手コース」に誘われることになった。

「ぼく、もっともっとサッカーがやりたい。ユニフォームが着たいし、試合もしたい！」

当然、選手コースに移れば、かかる費用も増えるし、練習場や試合への送り迎えなど、ぼくのサッカーに母の時間がとられるようになる。

家のことをやらないといけない母にとっては負担が増えるだけだった。

でも、母は笑顔だった。

「どんなときも司のやりたいようにやりなさい」

素直に嬉しかった。でも、そのときは気づかなかったけれど、母がぼくのサッカーに時間をとられるようになったことがきっかけで、父の母に対する暴力はよりひどくなっていった。

楽しいはずの親族会で起こった事件

いまでも幼心に焼きついている出来事がある。

それは、楽しいはずの身内の集まりで起こってしまった。

父と母は結婚式を挙げていなかった。そのため高介叔父さんが発案をし、お母さんの身内を集めて、諫早市城見町《しろみまち》にある母方の祖父母の家（以降、城見と表記）で『江湖夫婦お披露目会』をしてくれた。

それはすごく楽しい時間だった。みんなが笑顔だった。ぼくはおいしいご飯を食べ、ジュースも飲むことができて嬉しかったし、父もお酒を飲んで上機嫌で、母も笑顔だった。

しかし、あることをきっかけに事態は一変した。お披露目会が終わり、叔父さんが家から数十メートル離れた道路まで出て、祖父母と父、母以外の身内をそれぞれの家に送り届けるためにタクシーを手配していたときだった。

部屋に残ったぼくと祖父母の前で、父は突然、母の背中を蹴り飛ばしたのだった。

「バタッ!!」

その場に倒れ込む母。そこから地獄の光景が始まった。

「ガシャーン！　バリーン！」

テーブルの上にあったビール瓶、料理皿が次々と割れても、父は母を殴り続けた。

ぼくは呆然とその光景を見つめることしかできなかった。祖父と祖母に目を向けても、二人も身動きできずに見つめるだけだった。

あんなに楽しかった空間が、みるみるうちにぐちゃぐちゃになり、ひっくり返ったテーブルと割れたビール瓶や皿、食べ残しの料理があちこちに散らばり、その中で母の泣き声と、父の暴力の音だけが響き渡っていた。

「あんた、いい加減にせんとね!!」

たまらず祖母が大声をあげると、父は足早にそのまま家を出ていった。すると、間髪をいれずに叔父さんが鬼の形相《ぎょうそう》で部屋に入ってきた。玄関先で父とすれ違いざまに入ってきた叔父さんは、ぐちゃぐちゃになった部屋と、腫れ上がった顔で泣いている母を見つけると、その表情をより険しくした。

「親父ぃぃぃ!!」

叔父さんが祖父につかみかかった。どうやら叔父さんは祖父が暴れたと勘違いしたのだった。

「お兄ちゃん！　違う！　違うの！　潔がやったのよ!!」

激高する叔父さんを母と祖母が二人がかりで止めに入った次の瞬間だった。叔父さんに振り払われた母の足に、床に散らばったビール瓶の破片が刺さった。

「ぎゃぁぁぁ!!」

再び母の叫び声が部屋に響き渡り、母の足からおびただしい血が流れた。

「庭子、すまん……」

冷静さを取り戻した叔父さんは、すぐに傷口をバスタオルで塞いで、そのまま病院へ連れていった。

ぼくはその一部始終を、ただ呆然と眺めることしかできなかった。

応急処置を受けた母は、夜中に叔父さんと帰ってきた。ぼくも母が心配で眠れず、遅くまで起きていた。

「庭子、潔に殴られたんか」

叔父さんが母に問いかけると、「ずっと暴力を受けている」と、そのとき初めて事実を打ち明けた。

「もうあの家（幸町）に帰らなくていい」

祖父母、そして叔父さんは実家にいることを勧め、母もそれを承諾した。

そこから母とぼくと渉は城見の家に身を寄せた。

正直、ぼくはなぜここにいるんだろうと思った。

早く帰って友達と遊びたかった。

仲間とサッカーができないことがつらかった。

一週間ほどすると、母が「司、帰ろう」と、ぼくに言ってきた。

「いつまでもここにいるわけにはいかないから、幸町に帰るね」

そう祖父母に告げて、母はぼくと渉を連れて、幸町に戻った。

一週間ぶりにわが家に戻ると、ぼくは真っ先に隣の家の1歳上のおにいちゃんである公太君の家に走った。

「公太くん、公太くん！　会いたかったよ！」

ぼくは公太君を見るなり、一目散に駆け寄って抱きついた。

本当に会いたくて、一緒に遊びたくて、ぼくは自然と泣き出していた。

公太君はちょっと驚いていたけど、ぼくは涙が止まらなかった。

「お母さん、公太君と遊んでいい？」

そう後ろにいた母のほうに振り返って話しかけると、母も泣いていた。

そのときはなぜ母が泣いているのかわからなかった。

そこから母は、どんな辛い仕打ちを受けても耐えるようになった。

エスカレートしていく父の暴力

この事件以降、父の暴力は場所や状況を選ばなくなっていった。

祖父母がいようがかまわず母を殴る。

いまでも耳に残る父の暴言がある。それは父が祖父の目の前で母の髪の毛を引っ張って、引きずり回したり、殴る蹴るをしたあとに放った一言だった。

「この女、連れて帰ってくれ！　もういらん!!」

実の父が母に対して、「この女」「もういらん」という言葉を口にする。ぼくはものすごくショックだった。

「お父さんとお母さんにいったいなにが起こっているの？　どうしてぼくの家はみんなが仲良くできないの？」

頭の中には悲しみと疑問しか浮かんでこなかった。

「ぼくがいい子にしていないからこうなるのかな……」

幼心に本気で悩んだ。

母はたまに父方の祖母のところにも連れていってくれた。でも、その場所もまた、ぼくにとって安らぎの場所ではなかった。

母の顔が腫れ上がった状態で会っても、祖母は気にかけるどころか、「そいはあんたが悪かったい」と、理由も聞かないで母を責めた。

父方の祖母の家でも冷たくされる母。ぼくは少しでも母が怒られないように、ご飯を絶対に残さなかったし、床にこぼさないように注意した。遊んでいるときに物音を立てたり、家の中を走ったりしないように、細心の注意を払って過ごしていた。

当然、ぼくは窮屈で仕方がなく、ちっとも楽しくない時間だった。

「お母さんはぼくが味方になってあげないといけないんだ。ぼくは絶対にお母さんを悲しませるようなことはしない」

心の中でこう誓い始めたのも、このころからだった。だからこそ、そんな楽しくない時間も我慢して過ごすことができたし、なによりぼくにはサッカーがあった。サッカーは「母の喜ぶ顔を見られる唯一のツール」でもあった。

大切なスパイク

サッカーを始めて、ぼくは新しいスパイクを買ってもらった。

「司、大事に大事に使いなさいよ」

ぼくは母に言われた通り、スパイクを大事に履いた。

サッカーにのめり込んだぼくは、練習では夢中になってボールを蹴り、家に帰るとすぐにスパイクの手入れを入念にやった。

高価なものだし、簡単にねだることもできない。だからこそ、使ったあとは丁寧にケアをした。つま先部分がはがれだしたら、すぐに修理用品で直して、またはがれ……。これを繰り返しながら履き潰れるまで大切にした。

スパイクだけではなく、ぼくはサッカーに関わるすべてのものを大事に使った。

ぼくがスパイク同様に特に大事に使っていたのは、ボールとペットボトルだった。

家に帰ると、ぼくは家の横のスペースを使ってリフティングをやったり、1・5リットルのペットボトルに水を入れて、それをマーカー代わりに均等に置いて、そのあいだをジグザグドリブルしたりした。

近所の家の壁にボールをこっそり当ててワンツーパスをしたり、フェンスに向かってシュートをしたり。

くる日も、くる日も、時間さえあれば夢中でボールを追いかけていた。

終わったらペットボトルの水を抜いて、家の横で干してはまた使う、という繰り返しだった。

変わらぬ家庭とサッカーの魅力

家庭環境が変わらなくても、ぼくにはサッカーという生きがいがある。その生きがいが大好きな母を笑顔にする。

家庭に帰れば、たいてい父はいない。食事も３人ですることがほとんどだった。父が家にいるのは週に１回程度で、帰ってこないか、ぼくらが寝静まった深夜に帰ってきては、それから母に暴力を振るった。その音で目が覚めることは、ぼくが大きくなっていく過程でもずっと続いた。

それでも母はぼくのサッカーの話になると笑顔になり、試合にも駆けつけてくれた。ぼく自身もまた、サッカーをしているあいだだけはすべてを忘れることができた。

純粋に目の前のボールを追いかけ、ドリブルで相手をかわしたり、パスを出したり、シュートを決めてみんなで喜んだり。グラウンドには一切の「雑念」がなく、生き生きとしている自分と母の姿があった。

サッカーだけはぼくを裏切らない。それに夢中でプレーすればするほど、相手をかわしたり、ゴールを決めたりすることができるようになる。

ぼくにとって、いちばん自分らしくいられる場所が、サッカーだった。

小学生のとき、ぼくには年に数回の楽しみがあった。

それはJリーグを観ることだ。当時、長崎を本拠地とするJリーグクラブはなかったが、横浜フリューゲルスが長崎県を「準ホームタウン」にしていて、いまのV・ファーレン長崎のホームスタジアムになっているトランスコスモスタジアム長崎（長崎県立総合運動公園陸上競技場）を年に数回使ってホームゲームを開催していた。

それもあって、当時、ぼくは横浜フリューゲルスの大ファンになった。

小学1年のときにJリーグが開幕し、大きな盛り上がりを見せる中、小学3年のとき高介叔父さんに連れられて、初めてスタジアムにフリューゲルスの試合を観にいった。

満員のスタジアムを、そのとき初めて見た。それ自体が驚きだったし、その中で始まった試合は観ていてまぶしかった。ピッチ上ではキラキラ輝いた選手たちが、満員の大観衆の声援を浴びて気持ちよさそうにプレーしている。

「サッカーってこんなにかっこいいんだ」

ぼくは一瞬にして引き込まれた。

そして、当時のフリューゲルスでひと際輝いていた選手に、ぼくの目は釘付けとなった。それが前園真聖《まえぞのまさきよ》さんだった。

前園さんはドリブルが本当に上手で、面白いように相手をかわしていく。しかもその姿がものすごく楽しそうで、いつしか、「ぼくもああいうプレーがしたい」と思うようになった。

「どうだ、司。プロはすごいだろう」

叔父さんがぼくにこう話しかけてきた。

「うん！　すごい、すごいよ！　ぼくもこうなりたい!!」

この日から叔父さんと行くＪリーグがぼくの楽しみの一つとなった。

前園さんにフェルナンドモネール、エドゥー（カルロス・エドゥアルド・マランゴン）、吉田孝行さんと、テレビでしか観たことがなかったスター選手が、目の前のピッチで躍動する。彼らがぼくにとっての最初のヒーローだった。

「前園選手のようになりたい」

そう思ったぼくは、ドリブルをより磨くようになった。

水入りのペットボトルを使ったドリブル練習も、これまではただジグザグにボールを運んでいくだけだったけど、前園さんのプレーをイメージしながら、ドリブルに変化を加えたり、壁パスからドリブルを入れたりといろいろなパターンを加えたことで、より技術が磨かれていく感覚をつかめるようになった。自分のプレースタイルの原点はここでできあがった。

中でも思い出に残っているのが、雨の中で開催された名古屋グランパス戦。ポンチョを身にまとったぼくは、寒さを忘れてピッチ上の熱気に夢中になった。

雨の中でも前園さんのドリブルのキレはすさまじく、華麗で力強かった。その日以来、あえて雨の日にグラウンドに行ってドリブル練習をするようにもなった。

そして、いつしか前園さんがつけていた背番号7に強烈な憧れを抱くようになり、長崎ＦＣでも「7番がほしい！」と監督に言って背負わせてもらうことになった。

ここからこの7番は、ぼくの人生に欠かせない数字になっていった。

母とのランニング

小学4年のとき、サッカーで頭角を現し始めたぼくは、1学年上の小学5年のチームでプレーさせてもらえるようになった。

初めて年上のチームで試合に出たとき、相手のラフプレーを受けてどんどん体力を奪われ、時間が経てば経つほど、自分らしいプレーができなくなっていった。

だんだん1学年上の選手たちが怖くなって、完全に物怖じしてしまった。

「お母さん、ぼくサッカーがすごく怖いよ……」

試合のあと、ぼくは思わず母にそうこぼしてしまった。

「ん？　司、なにが怖いの？」

母が驚いた顔でぼくに聞き返した。

「ぼくは体が小さいし、体力もない。だから、大きな相手が怖いんだ……」

するとと、母はすぐに笑顔になって、ぼくの肩を抱いてこう言ってくれた。

「じゃあ、お母さんと一緒に体力をつけようよ！　そうだね、よし、明日から一緒に走ろう!!」

この一言から、ぼくと母は一緒に走るようになった。

試合の翌日に、さっそく近所の田んぼ道を一緒に走った。すると驚くことに、昨日の嫌なことや弱気な自分が姿を消していき、心が晴れていった。

家の周りは一面の田園風景で、なにも遮るものはなく、遠くまで見渡せる場所だった。その田園風景に照らされる夕日がとても綺麗で、走っているぼくと母を優しく照らしてくれる。

そのあたたかなオレンジの夕日に包まれながら、ぼくは母といろいろな話をした。

お互いのたわいもない話をして、二人で笑い合っていた。

母も楽しそうだった。ぼくらにとって、家の中では話せないことを言い合える貴重な時間だった。その空間を大切にしたくて、それからぼくはなにか悔しいことがあると、母を誘って走るようになった。

母とのランニングのかいもあってか、試合に出るごとに恐怖心がなくなり、自分より体が大きい年上の相手にも臆することなくドリブルを仕掛けられるようになった。

高介叔父さんも頻繁にぼくの試合を観にきてくれるようになり、いつしかぼくの自主練習（自主練）にもつき合ってくれるようになった。

叔父さんは当時から、西諫早小学校サッカー少年団のコーチをやっていた。サッカーがすごく上手く、ドリブルを挑んでもすぐに取られるし、ディフェンスをしてもボールを奪えなかった。でも、それが楽しくて、「絶対に叔父さんを上回る」という気持ちをかき立たせてくれた。

それに自主練後、ぼくらはいつまでもサッカー談義をしていて、そんな時間もぼくにとってはかけがえのない貴重な時間だった。

メキメキと力をつけていったぼくは、その年に開催された長崎県内のチームが集まったフェスティバルで優勝に貢献した。

決勝の相手は、強豪の国見小学校だった。

当時、国見小にはいまもプロの世界で戦っている渡邉千真《わたなべかずま》がいた。

初めての大会で、思い切り自分のプレーができた。得意のドリブルが通用する。もっともっと仕掛けて、ゴールも決めたい。

ぼくはより貪欲にサッカーに打ち込んでいった。

真冬の家出事件

サッカーを取り巻く環境が日に日に変化していく一方で、家庭の状況は一向に変化しなかった。ずっと変化を望み続けたぼくにとって、この現状は大きなストレスとなっていた。サッカーがうまくいき始めていた小学４年のとき、そのストレスが爆発したことがあった。その出来事ははっきりと脳裏に焼きついている。

ある夜、家で父が母を殴り出した。いつものことではあったが、そのとき、ぼくの中でなにかが切れる音がした。

「もうイヤだ！　我慢できない!!」

ぼくは、パジャマ姿で裸足のまま家を飛び出し、一心不乱に走り出した。

でも、ぼくはまだ小学４年で遠くまで行けるはずもない。季節は冬で、夜中だった。

真っ暗な中、ぼくは近所にあったパチンコ屋さんの広い駐車場の脇にある電信柱まで走っていくと、その陰に隠れて座り込んだ。

「もう嫌だ……もう嫌だ……。もう聞きたくない」

絶対に音は聞こえてこないはずなのに、ぼくは必死で両耳を手で押さえながら、目をつぶっていた。心の中では悲しい気持ちと同時に、自分の無力さも感じていた。

「ぼくはどうしたらいいんだ。ただ（暴力を）見ているだけじゃないか……」

答えが一向に出ない。思いが次々と込み上げてくる。それにだんだん体が冷えていくのがわかった。

冬の夜にパジャマ姿で、裸足。寒くて寒くて仕方がなかったが、ぼくは体育座りをして必死に耐えていた。

体の震えが止まらなくて、本当に辛かったけど、それ以上に母が殴られている家に帰りたくなかった。

でも、心のどこかにある思いがあった。

「お母さんは探してくれるだろうけど、それがお父さんもだったらいいな……」

ぼくがいなくなったことで、父の心境に変化が生まれて、ぼくを探しにきてくれるんじゃないかというかすかな期待だった。

2時間くらいその場にいただろうか。足の感覚がなくなり、寒さの限界だったぼくは、ゆっくりと立ち上がって家に向かって歩き始めた。

家の前につくと、自分から玄関を開けることができず、再び立ちすくんでしまった。

しばらく玄関の前で立っていると、渉を背中におぶった母の姿が見えた。

「司！　どこ行っていたの!?　探したのよ!!」

次の瞬間、母は青ざめた表情で泣きながらぼくに駆け寄り、強い力でぼくを抱きしめてくれた。

「心配しないで……ただ学校に行ってただけだよ……」

ぼくはとっさに嘘をついた。パジャマ姿で裸足だったけど、学校に行ったと伝えれば母の心配も少しは和らぐと思ったからだ。

「無事でいてくれてよかった。本当によかった……」

ぼく以上に体を震わせ涙する母の声と、抱きしめてくれるぬくもりに、ぼくも涙が止まらなくなった。

「ごめんなさい……ごめんなさい……」

ぼくは泣きながら謝った。

「いいのよ、司が無事でいてくれたことが大事なの。もし、もし、司の身になにかあったら……。お母さんは、お母さんは……」

抱き合いながら二人とも泣きじゃくっていた。

だが、そこには父の姿はなかった。母と一緒に家に入っても、父はいなかった。

ぼくは思った。

「ああ、ぼくが家を飛び出しても、お父さんは一切変わらないし、悲しむのはお母さんだけなんだ……。お母さんを守るには家を飛び出しちゃいけないんだ……」

その日以来、ぼくはどんなことがあっても母のために逃げ出さないことを誓った。

人生初の引っ越し

ぼくが小学5年の秋、生まれてからずっと住んでいた幸町の平屋建ての家を引き払い、同じ町内の2階建てのアパートに引っ越した。

1階はリビング、2階はぼくらの寝室。より広くなった家で新たな生活をスタートさせた。

しかし、状況はほとんど変わらなかった。

ただぼくが、父が母に暴力をふるう音を聞く場所が隣の部屋から2階の部屋に変わり、父に会う時間が少なくなったということだけだった。

ぼくの中で起こる変化は、やはりサッカーだけだった。やればやるほどうまくなれる。

場所が変わっても、リフティングやドリブルの練習はずっと続けた。

前の家のようなスペースがないので、水を入れたペットボトルを自転車の前かごとリュックに詰め込み、ボールはネットに入れて肩にかけて、近くにある諫早小学校のグラウンドに行っては、夜遅くまでボールを蹴り続けた。

ぼくにとってサッカーは、自分が自分らしく生きるための大事な〝居場所〟であり、暗い家庭環境を忘れられる〝逃げ道〟であった。

「サッカーだけはぼくを裏切らない。絶対に失いたくない」

ぼくはサッカーに楽しみを見出すというより、辛い現実から抜け出すために必死にすがっていた。


小学６年になったぼくは、チームの中心的存在となった。

新人戦ではハーフウェイラインからドリブルで仕掛けて、５人抜きをしてゴールを決めるなど、自分でも納得のいくプレーができて、チームも県で2位になった。

そしてぼくらは九州大会に出場した。

グループリーグでは、のちに大分トリニータでチームメイトとなる西川周作がいるチームと対戦した。

「すごく大きなGK（ゴールキーパー）がいるな……」

周作の最初の印象はこうだったが、そのときはそこまで存在感はなく、ぼくらは2点を奪うことができた。２－２のドローに終わり、次は福岡の強豪チームとの一戦。ぼくらはなにもできないまま、０－３の完敗。

「これが九州のレベル……。ちょっと次元が違うな……」

ショックだった。初めて長崎県を飛び出して新たな世界を見て、自分がとてつもなくヘタクソだということに気づいた。

「もっともっと練習をしないと、取り残されてしまう」

ぼくはさらに練習の虫になった。自主練の頻度もさらに増えていった。

こうした積み重ねもあり、県選抜でも中心選手として活躍するようになったぼくは、県選抜の一員として出場した選抜チームによる九州大会で、九州選抜の候補に選ばれた。

各県から数人の選手が呼ばれて、紅白戦をしてナショナルトレセン（最上位の選抜チーム）に行けるかどうかの合否を決めるセレクションに、長崎県選抜からはぼくともう一人が参加した。でも、そこでぼくは持ち味を発揮できず、結果は不合格。

「次こそは必ず選ばれてみせる！」

しかし、いま思うと、小学から中学のあいだで、そこがぼくの選手としての「ピーク」だった。

突然、襲ってきたいじめ

小学6年のとき、大事なサッカーで自分の居場所を失いかけたときがあった。

当時、ぼくが所属していた長崎FCに一人の選手が新たに加わった。孝治くん（仮名）は隣町のチームからやってきた、サッカーの上手な子だった。ぼくらはすぐに仲良くなって、一緒に遊びにいくこともあった。

でも、しばらくしてから「ある出来事」をきっかけに、孝治くんはぼくをいじめ始めた。

当時、ぼくと孝治くんは一緒に県選抜に入っていた。最初は20人枠だった県選抜枠が16人枠になったときに、ぼくが残って孝治くんは落ちてしまった。

そこからだった。

16人に絞られた県選抜のメンバーとして出場した九州大会を戦い終えて、ぼくが長崎FCの練習に戻ったとき、いつもと明らかに空気が違っていた。

「今日はどんな練習をやるんだろうね？」

仲のよかった子に話しかけても、答えるどころかぼくの顔すら見てくれなかった。

「あれ？」

異様な雰囲気に周りを見渡すと、孝治くんがぼくを睨《にら》みつけていた。練習が始まってしばらくすると、孝治くんがぼくに聞こえるような声でこう言ったんだ。

「あいつ無視な！」

〝あいつ〟とはぼくのことだった。孝治くんだけでなく、これまで仲のよかった周りの子たちもぼくの存在がいないかのように振る舞ってきた。

ショックだった。その日以降、ぼくは一人になった。

二人組の練習でも、ぼくとペアになろうとする子はおらず、コーチが指示した子が嫌々やるような状況だった。二人でのパス交換でも、まったくぼくがいない方向に蹴るのだ。ボールを取りにいき、正確に蹴り返すと、再び明後日の方向に蹴られる。

全体でパス回しをしても、ぼくのところにボールはこないし、当然、紅白戦でもそれは同じだった。

「あいつ、最近調子に乗っているからな。ざまあみろだ」

練習中や練習の合間にも、孝治くんは相変わらずぼくに聞こえるように悪口を言ってくる。

試合で味方がゴールをしても、ぼくが駆け寄ると全員が無視し、ぼくがゴールを決めても誰も近づいてこなかった。逆に失点をすると「江湖のせいで点獲られたよ」と、ぼくへの悪口は絶えなかった。

試合の合間のお昼ご飯も、ぼくは一人で母の作ってくれた弁当を食べていた。

ちっともおいしくなかったし、それ以上に悔しかった。

「唯一の逃げ道だったサッカーでも、こんなに辛い思いをしなければいけないなんて……」

繰り返し続けられるぼくへのいじめ。

終わる気配のない日々に、たまらず母にこう漏らしてしまった。

「お母さん、ぼくもうサッカーをやめたい」

母はぼくの顔を見て、優しく言葉をかけてくれた。

「司がそう言うなら、やめてもいいよ」

その言葉を聞いたとき、ぼくは涙が止まらなくなった。本当はサッカーをやめたくない。いじめられることよりも、いまの自分からサッカーを奪われることのほうが怖くて仕方がなかった。ぼくにとってサッカーは〝一筋の希望の光〟だった。その光を失うことは、ぼく自身の存在価値を失ってしまうことに等しかった。

それはわかっていたはずなのに、ぼくは「やめたい」という言葉を口にしてしまった。その言葉に悲しい気持ちになったはずの母も、ぼくの思いを尊重してくれた。母の言葉と顔を見て、またぼくの感情が溢《あふ》れ出した。

「……お母さん、ごめんなさい。やっぱりぼく、サッカーをやめたくない。サッカーを続けたい」

そう言葉を振り絞ると、母は優しくぼくを抱きしめてくれた。

「司……負けちゃだめよ。大丈夫、司なら大丈夫」

いじめなんかでぼくの大事なサッカーを奪われてたまるか。ぼくはいじめに立ち向かうことを決めた。

どんなに無視をされても、悪口を言われても、ぼくはサッカーに打ち込んだ。パスがこなくても、くるまで走り続ける。練習や試合中に悪口を言われても、気にせずに自分のプレーに集中する。

サッカーと自分を引き裂かれないように、ぼくは必死だった。

「司は好きなように楽しいことをやりなさいよ」

笑顔で、言ってくれる母の存在は心の支えだった。

いじめは3カ月くらい続いた。でも、ぼくは変わらぬ表情でサッカーを続けた。すると、ある日突然、いじめは終わった。

「江湖、一緒に練習しようぜ」

こともあろうに、孝治くんが突然、ぼくに言ってきた。それを皮切りに、これまでぼくを無視していた子たちも普通にぼくに話しかけてくるようになった。

ようやく平穏なサッカーの日常が戻ってきた。でも、ぼくの心の中には、いじめを始めた孝治くんに対してもそうだけど、それ以上になにより仲がいいと思っていた周りの子が翻ったことのほうがショックだった。

それ以降、ぼくは表面上こそうまく取り繕うが、内心では「自分のテリトリー」に他人をあまり寄せつけなくなった。自分のサッカーを守ろうとするあまり、このときからちょっと尖《とが》った性格になり始めた。

その一方で、母に対する愛情や信頼感はより大きくなっていった。

心に誓った卒業文集

県選抜だけでなく、九州選抜候補にも選ばれるようになったぼくは、自分がフリューゲルスの選手たちから笑顔をもらったように、「プロサッカー選手になって活躍して、みんなを笑顔にしたい」と強く思うようになっていった。

同時に、「ぼくがお父さんになったら絶対にこういう家族にしない。ぼくはお父さんのようにならない」とも。

サッカーでのし上がろう。

これはサッカーをやっている子どもたちなら誰もが思うことだろう。でも、ぼくの場合は、「お母さんや弟に幸せになってもらいたい」という思いも込められていた。

ちょうどこの年、1998年のフランスワールドカップが開催された。アジア最終予選からずっと試合を観て、日本代表を必死で応援していたぼくは、中田英寿《ひでとし》さんにも憧れていた。

「ぼくもヒデのようになりたい」

これまでおぼろげだった将来の夢が、中田さんの存在によって一気にクリアになった。Jリーガーになって、日本代表としてワールドカップに出て海外に行く。中田さんが歩んでいった道のりを、ぼくも歩みたいと心から思うようになった。

同時に、その道を現実として歩むことができれば、唯一の理解者である母に恩返しができるとも思うようになった。

「プロサッカー選手になって、ワールドカップに出て海外に行きたい」という気持ちと、「母に家を買って、楽にさせる。幸せにする」という二つの気持ちが同時に芽生えたからこそ、ぼくは小学校の卒業文集でこう書いたんだ。

〈鹿児島実業高校に行って、アンダー代表になって、プロになって、ワールドカップに出て、セリエAに行って……。それでお母さんに家を建てて恩返しをする〉

もうそのころからぼくの中で父の存在は、家族という枠組みから外れていた。

第2章

覚悟を決めた日

中学時代

中学時代のスタート

僕にとってサッカーは、「唯一、自分を表現できる場所であり手段」であった。

僕が中学に進学してからも、父の母への暴力は一切変わらなかったし、僕がサッカーをすることを否定し続けた。

僕は中学進学とともに長崎FCのジュニアユースに進んだ。が、入ってすぐにチームが消滅する（その後、再び復活）ことになり、長崎FCのコーチだった川内満さんが新たに立ち上げたキックスFCに転籍し、新たなユニフォームを着てプレーをすることになった。

キックスFCは僕が住む諫早市の隣にある大村市を活動拠点にしていて、僕は母に車で送ってもらいながら、練習に参加するようになった。

心機一転、こうして僕の中学サッカーが幕を開けた。同時に、長崎県内で有名サッカースクールだった「小嶺サッカーアカデミー」（当時、国見高校の監督で、のちに長崎総合科学大附属の監督を務めた高校サッカー界の名将である故・小嶺忠敏氏のサッカースクール）のセレクションにも合格し、国見高校のグラウンドで国見高校のコーチスタッフや現役高校生が教えてくれるスクールに通うこととなった。

普段はキックスのみんなと練習し、毎週月曜日に国見高校に行って、長崎の有力選手たちとともに、高校日本一になった高校生たちの指導を受けてサッカーをする。のちに大分トリニータで一緒にプレーすることになった小森田友明《こもりだともあき》さんや川田和宏《かわたかずひろ》さん、そして徳重健太《とくしげけんた》さんら高校三冠メンバーも僕らにサッカーを教えてくれた。すごく恵まれた環境だったものの、僕にとって中学時代は、サッカーでも壁にぶち当たる苦しい3年間だった。

僕は体が小さかった。でも中学になれば成長期がきて、筋肉もついて大きくなると信じていた。しかし、僕の体は一向に大きくならない。

中学1年のときは小学校の名残もあり、まだそれなりのプレーはできたし、県選抜にも名を連ねていた。県選抜では1学年上に兵藤慎剛《ひょうどうしんごう》くんもいて、レベルが高い中でプレーすることができていた。

でも、中学1年の後半くらいから、徐々に周りのフィジカルレベルが上がり、これまで通用していたプレーが通用しなくなっていった。

周りがみんな僕より大きくなり、「僕はなんでこんなに小さいんだ」と、自分の体にコンプレックスを抱くようになっていった。

スピードに乗ったドリブル突破が武器だった僕は、いつしかそのスピードすらも通用しなくなり、ドリブルも簡単に止められるようになった。

試合でも思うようにプレーができない。そして、家に帰るとたまに試合を観にきた父からこう罵声を浴びる。

「ほら見ろ、こがん小さくて、なんがサッカーか！　気に食わん！　はよやめて勉強しろ！」

父の心ない言葉に、怒りよりも悲しみのほうが大きかった。もちろん、

「絶対にこんなことで負けない。お父さんの言う通りにはならない」

と強く思い、自主トレの量も増やしたし、体を大きくするために牛乳を毎日2リットル飲んだ。必死で現状を変えようとしていた。

しかし、なかなか変化は起こらなかった。

「なんでだよ！　なんでこんなにもすべてがうまくいかないんだよ!!　こんなんじゃ……こんなんじゃ……」

どんどん父の暴言通りになりつつある自分に、絶望感を抱いたこともあった。

活躍して脚光を浴び続けた小学生時代と、どんどん勢いを失っていくいま。ここまですがっていたサッカーでのこの変化は、僕の心に大きな影を落とした。

二度目の引っ越し

中学1年の秋、僕ら家族は3回目の引っ越しをした。

これまで借家暮らしだったが、諫早市内の新道町《しんみちまち》に新築の家を建てて、そこに住むことになったのだ。

母はこの引っ越しに大きな期待を抱いていた。

「一軒家を建てたら、お父さんも変わるかもしれない」

母がそう思うのならと、僕も父が変わってくれることを期待した。

住宅ローンを組んだが、頭金に母の貯金だけでなく、僕と渉がこつこつと貯めた貯金も使われてしまった。

買いたい物や欲しい物はたくさんあったけど、父が変わってくれるなら、それくらい我慢できた。

新居が完成し、僕らは高台に建てられた綺麗な2階建ての家に住み始めた。

しかし、変わったのは新しくて広い家だけで、その中身はなにも変わらなかった。

相変わらず父はめったに帰ってこない。帰ってくるのは明け方で、帰ってくるなり、1階のリビングから母を殴る音が聞こえてくる。

ごくたまに4人で食卓を囲むこともあったが、僕にとってそれは苦痛でしかなかった。

食事の席で父を激高させるようなことを言ってはいけないし、してはいけない。

僕は常に父の顔色をうかがいながら、緊張してご飯を食べていた。父がいるとき、母は絶対に台所から出てこず、同じ食卓にはつこうとしない。テーブルでご飯を食べているのは、僕と父と渉だけ。

無言で食べ続けるわけにもいかないから、無理やり話題をふってみたりするけど、返ってくるのは無骨な言葉ばかりで、会話らしい会話は成立しなかった。

その中で伸び伸びと父と話をする渉を見て、羨ましさと強烈な疎外感を覚えた。

「絶対にサッカーで見返してやる……」

自分の中の反骨心がより強くなっていった。

一瞬だけ感じた「家族」の温かさ

そんな僕だったけど、正直、父に甘えたい気持ちはあった。

父は僕をけなす一方で、弟の渉にはとても優しかった。

当時から、僕ら兄弟は体格が全然違った。渉は僕と違って昔からガタイがよく、身長もある。父はひょろく小さい僕なんかより、がっちりした渉が好きだった。

父と渉が遊んでいる姿を見て、僕は「見返してやる」「クソ親父」と思う一方で、「僕のほうも見てほしいな」「一緒に公園でボール蹴りたいな」と密かに思っていた。だけどそれを表に出したら負けだと思い、心の奥底にしまい続けた。

ただ一度だけ、その思いが現実になったことがある。そのときのことはすごく鮮明に脳裏に焼きついている。

それはある日の夕食後、僕は「はじめの一歩」（森川ジョージ作画）という大好きなボクシング漫画をリビングで読んでいた。するとそこに現れた父が、「司、その漫画なんね？　おいにも読ましてみ」と言ってきた。

「いいよ」と答えると、父はリビングで仰向けになって「はじめの一歩」を読み始めた。僕はその姿を見て、別の巻を手に取り、父のお腹を枕にして一緒に仰向けになって漫画を読み始めた。父はなにも言わずに、お腹を枕にさせてくれた。

僕はその空間がめちゃくちゃ居心地がよかった。

いつもは殺伐としていて緊張感が漂い、ときには地獄と化すリビングだけど、その瞬間だけはまったく違った。

僕と父だけでなく、母と渉を含めた家族全体が優しい雰囲気に包まれている。

これが僕が生まれて初めて感じた「家族の幸せ」だった。

僕の心の奥底には、いつも父と母に仲よくしてほしいという思いがあった。それだけでよかった。しかし、どうしたらそれが実現するのかまったくわからなかった。

でもあの空間は、僕がずっと心の中で思い描き続けていたものだということがすぐにわかった。

「家族の幸せって、こんなにも居心地がいいのか……」

驚きだった。同時に、「自分の目指すものはこれだ」と心に深く刻んだ。

僕は家族の愛に飢えていた。

でも、その空間を父と味わえたのは、その一度きりだった。

次の日からは、いつもと変わらぬ日常に戻ってしまった。

母からの最高のクリスマスプレゼント

これは忘れもしない中学1年のクリスマスだった。

「司、メリークリスマス」

母は練習から帰ってきた僕にこう言って、綺麗なクリスマスカラーの紙で包まれた箱をくれた。

「なんだろう？」

そう思いながら包装紙を剝《は》がして開けてみると、そこにはピカピカな赤色の小さなコーンがあった。

「司、これからはこれを使って、思う存分練習をしなさい。ごめんね、これまでペットボトルを使わせてしまって……」

僕は涙が出るほど嬉しかった。母は僕が努力する姿をずっと見てくれていた。そして、僕にもっとサッカーがうまくなるようにという思いを込めてコーンをプレゼントしてくれた。

高価なものではないけど、僕にとっては最高のクリスマスプレゼントだった。なによりも母の温かい愛情を感じるとともに、「困難な状況に負けるな！」と強く背中を押された気がした。

「お母さん、ありがとう！　ねえ、早速使っていい!?」

僕は嬉しさのあまり、２階に上がって練習着に着替えると、すぐに自転車に乗って長崎県立総合運動公園陸上競技場に隣接する公園に向かった。

いつもは前かごとリュックに水の入った１・５リットルのペットボトルが10本近く入っていたから、すごく重かったし、かさばっていた。でも、母からもらったコーンはすごく軽くて、軽快に自転車をこぐことができた。

公園に着くと、すぐにコーンを等間隔に並べて、ドリブルを始めた。

正直、中学生になって周りの目を気にするようになり、ペットボトルを並べての練習には多少の恥ずかしさがあった。でも、これなら誰に見られても気にすることなく、思いっきり練習ができる。

母には本当に感謝した。同時に、「悩んでいちゃダメだ、もっともっと上手くなる努力をしなきゃ。お母さんの思いに応えられる選手にならなきゃ」と強く思うようになった。たとえどんなにいまがうまくいっていなくても――。

変化していく暴力への認識

ちょうどそのとき、僕の中にはもう一つ大きな心境の変化が生まれていた。

それは父の暴力に対する向き合い方だ。

小学校時代は家の中でなにが起こっているのかわかっているようで、正直、しっかりと状況を理解できていたわけではなかった。

ただただ異様な光景であり、そこにいるのが怖くて仕方がなかったし、なにより母の辛そうな顔や泣いている姿を見たくなかった。いま思うと、自分のことだけを考えていた。

でも、中学校に上がり、徐々に精神が大人になってくると、父のやっていることは絶対に許されないことで、このままでは母が大怪我をしたり、精神的に壊れてしまうと感じるようになった。

母は僕の唯一の理解者であり、愛すべき人。その人が壊れてしまったら……。そう考えると、恐怖心が芽生えてきた。

「もし僕が学校に行っているあいだや寝ているときに、お母さんが死んでしまったらどうしよう……」

徐々に父の暴力に対する恐怖よりも、母を失う恐怖のほうが強くなっていったのだった。

でも、中学2年までの僕は体が小さく、ガタイのいい父を止めることができなかった。

「なんで僕はこんなに非力なんだ」

本気で悔しかった。だからこそ、いかに僕がいるときに父に暴力を振るわせないか、母を守ってあげられるか、自分の立ち居振る舞いを考え続ける日々だった。

そんな生活の中で、サッカーはやはりかけがえのないものだった。

サッカーを頑張れば頑張るほど、母は喜んで僕を肯定し、父は嫌悪感を抱いて否定する。この矛盾は結局、二人の結婚生活が終わるまで続いた。いま思うと僕にとっては皮肉にも、父を見返すという反骨心と、母を喜ばせたいというポジティブな気持ちが上手く自分の中でバランスがとれていた。

小嶺アカデミーで出会った渡邉千真の存在

僕は中学2年になった。

努力のかいもあって、決して主軸ではなくギリギリではあるけど、なんとか県選抜に入ることができた。

しかし、絶対にここで生き残ろうと必死で頑張ったが、冬には県選抜から落選。

「ほれ見たことか！　だからわい（お前）にサッカーは無理やって」

当然のように父から罵声を浴び、さらに周りが「江湖は体が小さいから落とされた」と噂しているのも耳にして、ものすごく悔しかった。

でも、そういうときこそ僕は家の周辺を走り、母からもらったコーンでひたすら自主練をした。「絶対にお父さんの言う通りにはならない」「絶対にお母さんを喜ばせる」という2つの気持ちが、僕の弱気の虫を決して表に出させなかった。

「いつか絶対にみんなを追い抜いてやる」

強烈な反骨心と向上心が僕を突き動かしていた。日を追うごとに僕の練習意欲は高まった。人より体力をつけようと、キックスＦＣや小嶺アカデミーの練習帰りに途中で車から下ろしてもらって、そこから家まで走って帰ることもあった。

このころ、僕には絶対に負けたくないとライバル視していた一人の選手がいた。それは小嶺アカデミーのチームメイトである渡邉千真だった。

千真は中学3年間で急成長を遂げた。千真はもともと体が大きかったが、さらに筋力とスピードがついたことでプレーがパワフルになり、かつどんどん上手くなっていく。小学校のときは、はっきり言って僕のほうが上だったと思う。だけど、中学の3年間で千真にあっさりと抜かれ、彼は全国トッププレベルのストライカーへと成長していった。

千真を見ていると、自分のフィジカルの弱さを痛感したし、同時に「絶対負けたくない」と心から思える身近な存在でもあった。

「もっと努力しないと、千真に離されていく一方だ」

心の中で彼の存在を一つの指標として、僕はよりサッカーに打ち込んだ。どんなに泥臭くてもいい、僕は取り残されないように必死で長崎県のトップにしがみついていた。

台所から聞こえた母の歌声

中学2年の冬のことだった。

「おう、帰ったぞ！」

夜に父が突然、祖父と一緒に機嫌よく帰ってきた。

するとリビングで二人はお酒を飲み始めた。

最初は僕もそこにいたけど、しばらくして2階の寝室に行き、眠りについた。

「ん……あれ？　なにか聞こえる……」

目を覚ますと、1階から母の歌声が聞こえてきた。

時計を見たらもう深夜で、周りは静まり返っていた。

「二人ともお酒を飲み終わったのかな？」

そう思いながら、母の歌声がするほうへゆっくりと階段を下りていった。

すると、リビングはテーブルがひっくり返り、ビール瓶やコップが割れ、ぐちゃぐちゃの状態だった。

「またお母さんを殴ったな……」

僕はすぐに状況を把握した。

そして、歌声に耳を傾けると、それは台所のほうから聞こえてきた。

そっと台所を覗くと、顔を腫らせて涙ぐみながら皿を洗う母の姿が……。うす明かりに照らされた母は、なにかに取り憑かれたようにある童謡の同じフレーズを延々と歌い続けていた。

その姿を見て、僕は声をかけることができなかった。自然とあとずさりし、父がいないことを確認してから、僕は再び２階に上がり布団に潜り込んだ。

「寝なきゃ、寝なきゃ……」

必死で眠りにつこうとするが、下から聞こえる歌声で眠りにつけない。あの母の後ろ姿も目に焼きついてしまって離れなかった。

僕はいてもたってもいられなくなり、パジャマからジャージに着替えると、部屋に置いてあったサッカーボールとコーンを持って、真夜中に家を出た。

自転車でいつものグラウンドに行き、街灯の下でひたすらジグザグドリブルをし続けた。

ドリブルをしていると、どんどん視界が歪《ゆが》んでいき、気がつくと自然と目から涙がこぼれた。

一度立ち止まり、涙を拭って夜空を見ると、一気にいろいろな思いが溢れてきた。

「もうお母さんのあんな姿は見たくない。早くプロサッカー選手になってお母さんを楽にさせたい。でもいまは、みんなにとって我慢のときなんだ……」

自分に課せられた宿命を感じ取った僕は、「絶対に逃げない。僕は絶対にサッカーでお母さんと渉を幸せにするんだ」と、再びドリブルの練習を始めた。

何時までだったかは覚えていない。とにかく僕もなにかに取り憑かれたかのように、街灯の下でドリブルをし続けた。

お母さん、もうこの家を出よう

2001年。僕は中学最高学年になり、自主トレの量はよりハードになっていった。

新道の家は高台にあり、そこには急な坂がいくつもあった。僕は毎日坂を変えながら、ダッシュを繰り返した。

急な坂なら全力ダッシュを、緩やかな坂ならボディーシェイプを入れたりと、ただ走るのではなく、工夫を重ねた。

結果、少しずつだが筋肉がついていくのがわかった。身長も少しずつだけど伸び始め、プレーに力強さが生まれるようになった。

体ができてきたことで、僕は父の暴力に対して立ち向かおうという気持ちが強くなった。

その気持ちが決定的になったのが、夏前の遠征から帰ってきたときだった。僕が家に入ると、

「おかえり」と迎えてくれた母の顔を見て言葉を失った。

母の片目には眼帯がしてあり、その眼帯でも隠せないほどの黒いアザがあった。

聞かなくても、僕の留守中になにがあったのかがわかった。それでも母は僕に気を使ってか、一切自分のアザのことを話さない。だから僕もそのことに触れられなかった。

でも、心の中では、「次は絶対に僕が止める」という決意を固めた。

その決意を実行に移すときは、すぐにやってきた——。

それは僕が夏の福岡遠征から帰ってきたときだった。

母は最終日に僕を迎えに福岡まで来てくれた。楽しかった遠征が終わり、僕は母の運転する車で一緒に新道の家に帰った。

すると、珍しく父が家にいて、渉はお風呂に入っていた。

荷物を置き、着替えるために2階に行ってからすぐだった。

「ガッシャーン!!　ドン!!　ドン!!」

けたたましい音が1階から聞こえてきた。慌てて階段を駆け下りて台所に行くと、あらゆるものがひっくり返ってぐちゃぐちゃになっていた。

母は父の暴力から逃げるように台所の隅で屈んでおり、父はテーブルに置いてあったすべてのものを母に投げつけていた。

父がさらに灰皿を投げつけようと手にした瞬間、僕は自然と体が動いた。

「やめろぉぉぉ!!」

気がつくと僕は父の腕にしがみつき、手に持っていた灰皿を奪い取っていた。無我夢中だった。

すると、父は「邪魔だ!」と僕の腕を振りほどき、そのまま外に出ていった。

僕は少し息を整えてから、うずくまりながら泣いている母のもとに駆け寄った。

「司……ごめんね……。ありがとう……。ごめんね……」

泣きじゃくる母。その姿を見て、僕の心をつなぎ止めていた糸がぷつんと切れた。

「……お母さん、もうこの家を出ていこうよ」

初めて僕は母にこの家から〝逃げる〟という選択肢を口にした。

その言葉を聞いた母は驚いた表情をしていた。

「司……いま、なんて言ったの?」

「もうこの家を出よう。もう十分だよ、お母さん。このままじゃお母さんが壊れてしまう。僕ら3人で生きていこうよ」

「なんとか家族をつなぎ止めよう」としていた僕の心がこのとき、「もうこれはどうしようもできない」という気持ちに完全に変わっていた。

僕からの予想外の言葉を耳にした母は、さらに涙を流した。でも、その涙はさっきまでのものとはまったく違った。

「司、本当にいいの？　別れていいの？」

僕は母の顔を見つめた。

「うん、もちろん。そうしてほしい。将来は僕がなんとかするから安心して。もう大丈夫だから……」

このとき、母の力がストーンと抜けていくのがわかった。十何年も背負い続けてきた重荷から解放された瞬間でもあった。

完全に力が抜けた母を僕はやさしく抱きしめると、母は大粒の涙を流していた。僕も涙が止まらなかった。

僕らは荒れ果てた台所の片隅で、ずっと抱きしめ合い、ひたすら泣いていた。

「司、本当にありがとう」

1時間は経っただろうか。涙も枯れ果てた僕と母。ふと母が僕の両頬に優しく手を添えて、こう話しかけてくれた。

「3人で家を出よう。でもね、すぐには家を出られないんだ。私に1カ月だけ時間をちょうだいね」

「わかったよ。1カ月ね。準備をしないとね」

もうこれ以上の言葉は必要なかった。この瞬間、僕らは家を出る決意をし、僕は母と渉を支えていく覚悟を決めた。

「必ずサッカーでプロになって、家族を養うんだ。お母さんにはもっと幸せになってもらいたい」

このとき、初めてサッカーをすることの意義をはっきりと見つけることができた。

この日から、僕にとってサッカーはすがりつくものから、「これからの人生を切り開くうえで絶対に必要なもの」へと変わった。

夜逃げを決意し、準備を進めた1週間

母から提案があり、家を出る「Xデー」が決まった。

そこから僕と母は動き出した。

父は2階にはほとんど上がってくることがなく、家に帰るとずっと1階にいた。寝るのも1階のリビングだった。

それを利用して、まずは2階の荷物を段ボールに小分けにしてから、母の複数の友人の家に

少しずつ搬送していった。

徐々に部屋の荷物が少なくなっていく。そして父がいるときは、なにもなかったように振舞う。

そんな日々を送っている中で、高円宮杯《たかまどのみやはい》予選が始まった。

負けたら中学サッカーが終わり、勝てば全国大会へとつながる。もちろん僕は本気で全国を目指していたし、同時に進路のことも意識するようになった。

最初、僕はずっと憧れていた国見高校に行くつもりだった。でも、千真を始め、小嶺アカデミーの選手たちが次々と声をかけられて国見への進学を決めていく中で、僕には一向に声がかからなかった。

実は中学3年になると、すでに国見に進学することが決まった他県の選手が、国見中学校に転校し、小嶺アカデミーにも加わるようになった。

小嶺アカデミーは1年ごとにセレクションが行われ、僕は3年間ずっと合格して参加することができたものの、県外からも新しい選手が数人入ってくる。その中には城後寿《じょうごひさし》もいて、みんなハイレベルな選手だった。

僕は当時、国見のエースだった大久保嘉人《よしと》さんに憧れて、「国見で成長して、大久保さんのようになりたい」と心から思っていたけど、「あ、(国見にとって)僕はないんだな……」と、うすうす気づいてはいた。

自分の現在地を理解していた僕は、国見への憧れを抱きながらも、現実問題として別の進路も摸索し始めた。

小学校の卒業文集で書いた鹿児島実業高校も考えたけど、県選抜止まりの実力しかないこと、なるべく母や渉のそばに残りたいという気持ちから、長崎日大高校か鎮西学院高校が有力だった。

でも、心の中では、たとえ声がかからなくても国見にチャレンジしたいという気持ちがあった。長崎県の高校では、国見に行かないとプロになれないという考えがどうしても消えなかったからだ。

悩みに悩んでいるとき、キックスFCの監督である川内さんから言われた一言で、まったく想定していなかった別の選択肢が生まれた。

「司、大分トリニータユースのセレクションを受けられるらしいんだけど、どうする？」

もしトリニータユースに合格して、そこでプレーをすることができれば、プロになれる可能性が広がるかもしれない。このセレクションは、僕に巡ってきた大きなチャンスだと感じた。

「受けたいです！」

「分かったよ。セレクションは9月9日だ」

「はい、分かりました！」

何気ないやり取りだったけど、実は僕のサッカー人生を左右する重要な会話だった。

大会が佳境に入ると、目の前の一戦一戦に集中するあまり、僕や母、そして川内さんは、セレクションのことを頭の隅に追いやっていた。

「絶対にこの大会で優勝して、全国に出るんだ」

完全に大会モードに入っていた僕らキックスFCは、２回戦で強豪の島原市立第一中学校と激突した。島原一中は優勝候補の一角で、僕らにとって「最大の難関」だった。

「絶対にこんなところで負けていられない。全国へ行くんだ！」

豪雨の中、僕は必死に戦った。

先にリードを許す苦しい展開の中、後半終了間際に執念で同点に追いつき、雨中の激闘はPK戦までもつれ込んだ。

そして、僕らはPK戦の末に勝利した。

「よし！　これで全国大会は近づいた!!」

この試合に勝ったことで、僕たちの視界は一気に開けた。チームの士気は上がり、トリニータユースのセレクションのことなどみんなすっかり忘れてしまっていた。

でも、次に落とし穴が待っていた。

運命を変えた中学最後の試合

「優勝候補に勝ったし、このまま順調に決勝までいけるだろう」

僕らの心に隙が生まれていた。

準々決勝の相手は僕が通っている諫早中学校。心のどこかで「負けるはずがない」と思っていた僕らは、苦戦を強いられた。

前半戦の立ち上がりでいきなり失点すると、その後は僕らペースで試合は進んだが、なかなかチャンスを決めきれなかった。時間が経過していくにつれ、僕を含めみんなが焦りだし、ミスを連発。

結局、1点も奪えないまま、タイムアップのときを迎えてしまった。この試合、母はもちろん、違う場所で父と渉も観戦していた。家族全員が見守る中、僕らは負けてしまった。

タイムアップの瞬間から、僕の記憶はほとんどない。嗚咽《おえつ》を漏らしながら、ただひたすら泣き続けた。川内さんの締めの言葉もまったく耳に入ってこなかった。

気がつくと、母の車の後部座席に座り、止まることのない涙を流していた。

「お母さん……僕はなにもできなかった……」

運転する母の後ろ姿を涙で滲《にじ》ませながら、僕はぼそっとこうつぶやいた。

「ううん、司はよくやったよ」

母の優しさでさらに涙がこぼれた。

途中、コンビニに寄ってくれた母は、「これ食べなさい」と、おにぎりを二つ買ってくれた。

でも、負けた悔しさで食欲が湧かず、食べることができなかった。

涙が収まらないまま、新道の家に着いた。

父と渉はいなかった。

「いまからすぐにお風呂を入れるから」

家についてから、母は僕のために身の回りのことをやってくれた。

でも、僕はとにかくそのまま眠って、嫌なことを忘れたかった。

「疲れたから入りたくない。もう寝たい」

すると母は、「分かったよ」と笑顔を見せて、僕を寝室まで連れていってくれた。

ベッドに入ると、僕はすぐに眠りについた。

２時間くらい経っただろうか。起きると時計の針は夕方の４時を指していた。

ふと横を見たら、すぐそこに母がいた。

「お母さん、なにしているの!?」

びっくりして起き上がると、それに気づいた母は、「司、起きたんだね」と言うと、すぐにこう口を開いた。

「司、大分トリニータユースのセレクションが明日あるよ。どうする？　行く？」

たしかに、川内さんからセレクションがあることは聞いていた。でも、それが明日だったことは、敗戦のショックで、僕もチームメイトも、そして川内さんさえもすっかり忘れていた。母がそれに気づいてくれたのだった。

もし試合に勝っていたら、翌日にも試合があり、トリニータユースのセレクションは受けられなかった。

なにかの運命に導かれるように僕らは試合に負け、みんながショックに沈む中、母だけがしっかりと思い出してくれたのだった。

「あ、忘れてた。受ける。受けたい！」

僕の返事を聞いて、母はすぐに川内さんに連絡をした。

「司が明日のトリニータユースのセレクションを受けたいと言っています。どうすればいいでしょうか？」

川内さんはすぐに対応してくれた。いったん電話を切ってから、ほかのキックスのメンバーにも声をかけて、しばらくしてから母の携帯に連絡をしてきた。

「司君を含めて４人受けにいくことになりました。日付が変わった深夜３時に大村サービスエリアに集合して下さい」

これで僕はトリニータユースのセレクションに行けることになった。

「いい、お母さんはいまから出発に向けて車の準備をしてくるから、セレクションのことはお父さんには絶対に言ったらダメよ」

母のまなざしは真剣だった。

「もちろん」と答えると、そばにいた渉も、「うん、言わないよ！」と力強く言ってくれた。

僕は母と渉の協力を得て、人生を左右する重要なときを迎えようとしていた。

深夜に３人で起きると、１階で寝ていた父に気づかれないように、物音を立てないよう階段を抜き足差し足でゆっくりと降りて、玄関に向かった。

「ここで見つかったらセレクションに行けなくなる」

ドキドキだった。普段はあっという間に駆け下りる階段だけど、こんなにも長いものだったのかと思うほど、時間がゆっくり過ぎた。

「頼むから気づかないでくれ」と心の中で祈りながら、靴を手に取って、裸足のままゆっくりと玄関から外に出て、車庫に止めてあった車にそっと乗り込んだ。

静かに車のドアを閉め、エンジンがかかり、車が家を出てから、僕は大きく息を吐きながら靴を履いた。まずは大きな一歩を踏み出すことができた。その安堵感を感じながら、僕らは待ち合わせ場所の大村サービスエリアに向かった。

サービスエリアに着くと、すでにみんな揃っていた。そこから車を連ねて大分へ向かった。

セレクション会場に着くと、すでに多くのライバルたちが集まっていた。

「絶対にここで合格してプロになる」

緊張感が高まってきたが、覚悟を決めてセレクションに挑んだ。

セレクションが始まると、必死で自分の持ち味であるスピードとドリブルで、積極的にゴールを狙った。そのときのことはほとんど覚えていない。とにかく必死でプレーした。

午前、午後のセレクションがあっという間に終わり、ピッチの脇でダウンをしていると、僕は川内さんに呼び出された。

「司、合格です。おめでとう」

セレクションが終わってあまりにもすぐに合格を伝えられ、僕は正直、キョトンとしてしまった。

「あ、はい……。ありがとうございます」

とっさにこう答えたが、「お母さん、進学する高校や寮などの詳しい話をしたいので、これから時間をいただきます」と、関係者の方が母とやり取りを始めると、徐々に喜びが湧き上がってきた。

「受かったんだ……。トリニータユースに入れるんだ!!」

その場で飛び上がりたくなるほど嬉しかった。人生を懸けるつもりで臨んだセレクションに合格し、未来が切り開けた気がした。

その後、寮などの施設を見学してから、僕と母、渉は足取り軽く諫早へ帰った。

だが、家に着くと現実が待っていた。

僕らが突然いなくなり、帰りが遅くなったことで父が暴れ、家は荒れに荒れていた。

すでに父の姿はなかった。僕は母と二人で散らかったリビングを片づけながら、ふと母にこう話した。

「僕、トリニータユースに行きたい。でも、こんな状況だし、寮費や学校のお金もかかるし。やめたほうがいいのかな……」

すると、母は片づける手を止めて、「司の本心はどうしたいの?」と聞いてきた。

「迷惑をかけるかもしれないけど、トリニータに行って必ずプロになりたい」

僕自身、これが最大のわがままだということはわかっていた。でも、せっかくつかんだプロになるチャンスを逃したくなかった。

母は泣いていた。3人で生きていく覚悟を決めて準備を進めていたところなのだから、僕のこの言葉を聞いたときのショックは大きかったと思う。

でも、すぐに涙を拭い、笑顔で僕の手を握ってくれた。

「司がやりたいことを全力でやりなさい。私は司を全力で応援するから」

あのときの母の手のぬくもりはいまでも忘れないし、一生忘れてはいけない。

「お母さん、絶対に僕、プロになるから。そしたら二人を楽にしてあげられるから」

僕は決意した。絶対にプロになる。そして、母と渉の二人を幸せにすると。

そして、ついに「Xデー」の日がやってきた。

心の奥底にあった父への思い

この日を迎えるまでの1カ月間、将来への期待とうまくいくかどうかの不安、両方の感情が入り交じっていたが、「やっと父の暴力に怯える生活から解放される」という気持ちがいちばん強かった。そのはずだったが、心の奥底ではまた違う感情があった……。

自分でもいちばん驚いたのが、事前に通っていた中学校に事情を説明し、しばらく休みをもらうことを伝えたときのことだった。担任の先生から、「大切なものがあったら、学校で預かっておくよ」と言われ、僕が預けたのが漫画「はじめの一歩」の全巻だった。

早く父のもとから離れたいとあれほど思っていて、いざ実行しようとしているときに、僕がとっさに学校に預けたものが、父との唯一といっていい「幸せな思い出」のきっかけとなった漫画だった。やはり僕は心の底では家族円満を求めていて、その憧れを捨てきれていなかったのだと思う。

そして、ついに僕ら3人にとって運命の日がやってきた。

朝起きると、僕と母、渉はすぐに準備にとりかかった。

父が仕事に行くのを見届けてから、すぐに残りの荷物を車に乗せ、僕らはまず母の友人の家に逃げ込んで、3人身を寄せ合って夜までじっとしていた。

夜に父が誰もいない新道の家に帰ってきたことを確認すると、すぐに高介叔父さんと、母が信頼をしていた父方の叔父さんが二人で家に乗り込んで、父に事情の説明と話をつけにいってくれた。そのあいだ、僕らは母の友人の家から母の従姉妹である理恵子さんの家に移り、ここで身を潜めながら、高介叔父さんがやってくるのを待った。

夜9時頃だったただろうか。怒りを滲ませた表情で高介叔父さんが僕らのもとにやってきた。

「庭子、頼むから1日でも早く離婚届を出してくれ」

開口一番、高介叔父さんは母にこう伝えた。高介叔父さんたちが乗り込んだとき、すでに父は状況を察していたという。そして叔父さんが、僕たちが家を出ていく話と離婚の話を切り出すと、父は聞くに堪えない罵声を浴びせたという。

「やっぱりここで逃げて正解だった。もう二人は絶対に離婚しないといけない運命なんだ」

怒りを抑えきれない高介叔父さんの姿を見て、僕も怒りが込み上げてきた。

「早くこの現実から抜け出したい。でも、ここで焦った行動をとってしまったら、すべてが無駄になる」

僕らはその日から理恵子さんの家に潜伏し続けた。そのあいだ、僕と渉は学校には行けなかった。学校に行きたかったし、グラウンドでみんなとサッカーがしたかった。でも、いまはその感情は押し殺さなければならない。僕ら3人は部屋に閉じこもっていた。

どうしてもサッカーがしたくて我慢できないときは、理恵子さんの家の庭でこっそりリフティングをして気を紛らわせていた。

3人で2泊3日の福岡旅行

「ここにずっといてもなんだし、3人でどこか行こうか?」

理恵子さんの家での生活も一週間を過ぎようとしていたある日、母が僕にこう提案してきた。

「うん、行きたい!」

「よし、じゃあ福岡にでも行こうか」

僕らは知り合いに車を借りて、母の運転で福岡に向かった。

生まれて初めての2泊3日の家族旅行。

このとき、僕たちの全財産はたったの14万円だった。前に触れたように母の貯めたお金や、僕と渉がお年玉やお小遣いを使わずに貯めたお金のほとんどが、新道の家の購入資金に消えていた。

正直、僕たちはお金がなかった。でも、この福岡旅行だけは「行きたい」と心の底から思えた。「いま、行かないと後悔する」とまで思った。

高校に進んだら、僕は二人と離ればなれになる。

苦しい家庭状況の中で、僕が離婚を切り出したにもかかわらず、お金のかかる寮生活と私立高校への進学を同時にすることになって、これまで以上に二人に迷惑をかけてしまう。そんな状況にしてまで行くのだから、僕は絶対にプロにならないといけない。

中途半端に二人のもとに戻ってはこられない。

だからこそ、旅立つ前に3人だけでゆっくりとした時間を過ごしたかった。

福岡に着くと、僕らはいろいろなところを回った。福岡ドームでは福岡ソフトバンクホークスショップに行って買いものをしたし、ボーリング場に行って、3人でボーリングを楽しんだ。

心の底から楽しかった。

泊まったのは3人で2泊1万2000円のホテル。ちょっと古かったけど、畳の部屋に3人で川の字になって、夜遅くまでいろいろな話をした。

誰にも邪魔されない温かい空間。暴力におびえなくていい。母も僕も渉もみんな笑顔。将来の不安は当然あったが、それを少しだけでも忘れさせてくれる幸せな時間だった。

ショッピングモールに行ったとき、母が僕に真っ白なスニーカーを買ってくれた。

高校の登下校用に外履きで使う靴が必要で、3人で見にいったのだが、僕が気に入った白いスニーカーは1万円近くするものだった。

「お母さん、諫早へ帰ったら買いにいこう」

お金がない状況で「これがほしい」とは決して言えなかった。でも母は、僕の気持ちを察してくれたのか、「必要でしょ、買おうよ。気に入ったものじゃないと意味がないよ」と言ってくれた。

「本当に大丈夫なの?」

「司、大丈夫。お金のことは気にしないでいいから」

なけなしのお金で旅行に行って、なけなしのお金で買ってくれた白いスニーカー。本当に嬉しかった。高校の3年間、大事に使うことを心に誓った。

梅崎司として、いざ大分へ

つかの間の休息を終え、僕らは理恵子さんの家に戻ってきた。

そこからしばらく潜伏生活を続け、２週間以上も学校を休み続けた。

ろくにボールも蹴れない日々が続いたが、これで人生が変わるならなにも問題はなかった。

「そろそろ城見に戻ろう」

母の言葉を受け、僕ら３人は祖父母がいる城見の母の実家に戻って生活を始めた。

ようやく僕らはそれぞれの学校に行けるようになった。でも、城見の家は通っていた学校と違う学区だったため、僕らは母の車で通うようになった。

「司、正式に離婚が成立したよ」

城見の実家に戻ってからしばらくして、学校から帰ってきた僕に母はこう切り出した。

「え！　本当に!?」

「うん、今日、お父さんが家にいきなりきたのよ。いろいろ私に言ってきたから、『いますぐ離婚届にサインとはんこを押して』と言ってやった。最初は拒否してきたけど、お母さん、もう一歩も引かなかったよ。私、司と渉のおかげで本当に強くなったから」

「それでお父さんは応じてくれたの？」

「うん、サインとはんこを押してもらって、離婚届を受け取ってから、『これでもうあなたは私に手を上げたら犯罪ですから、警察にその場で突き出します。いいですか？』と伝えてきたよ。もう大丈夫」

実はちょうどそのころから「ＤＶ」という言葉が世に出だして、「犯罪」として認識されるようになった。そうした時代背景もあって、父は母にもう手を出すことができなかった。

時代の後押しもあり、16年に渡る二人の結婚生活はこんなかたちで幕を閉じた。

離婚が成立したことで、母は旧姓である梅崎に戻した。僕も「苗字をお母さんの『梅崎』にしてほしい」と伝え、新たな苗字となった。

こうして僕は、「江湖司」から「梅崎司」として新たな人生を踏み出すことになった――。

中学の卒業式を終えた、２００２年3月上旬。初めて長崎を飛び出し、大分での新たな生活がスタートした。僕は白いスニーカーと赤いコーンを大事に持って、プロになるための3年間を迎える覚悟を固めた。

「ここからようやく夢への第一歩を踏み出せるんだ。絶対に笑顔で諫早に帰ってくる」

僕の心は覚悟と希望で満ち溢れていた。いよいよプロになるための3年間がスタートした。

第3章

プロへの「合格通知」

高校時代

驚いた周りのレベルの高さ。西川周作との出会い

２００２年４月。たとえここでどんなことがあっても、もうこのまま突き進むしかない。不退転の決意で俺は高校生活をスタートさせた。

「俺は必ずここでプロになる」

息巻いてトリニータユースの練習に参加をすると、いきなり衝撃を受けた。

自分がこれまで体感したことがないスピード感で進んでいく練習に、俺はついていけなかった。

「中学と高校ではスピードも技術もフィジカルもここまで違うのか……」

愕然《がくぜん》とした。１対１でボールを奪いにいっても、簡単にかわされる。ドリブルで仕掛けてもあっさりと取られる。

「上手すぎる。駆け引きの質が違いすぎる……」

その中でも、ある１人の選手はさらに次元が違っていた。ゴール前での存在感が、これまで見てきた選手とは全然違う。圧倒的なオーラを持っていて、シュートを打とうとしてもすべて止められてしまうような感覚だった。

西川周作は当時から化け物だった。

長崎というキャパシティでしかサッカーを知らなかった俺は、まさに〝井の中の蛙〟だった。キックスＦＣの選手もレベルが高いと思っていたが、すべてが違いすぎた。

みるみるうちに自分に自信がなくなっていく。

「俺、ここでやっていけるのかな……」

込み上げてきた大きな不安。寮に戻れば一人で悩む日々。無力感に打ちひしがれていると、頭に浮かんでくるのは長崎での日々だった。

俺はなんのために諫早から大分に来たのか。中学3年のとき、「家族３人で生きていこう」と母に伝えたくせに、俺は「夢があるから」と自分の気持ちばかりを優先させて、二人を諫早に残してまでここにきた。

母や渉の人生すらも変えてしまったのに、俺はわがままばっかり言っているし、大分に来て弱気になってしまっている。

「もう、あんな日常には戻りたくない。俺たちは前に進むんだ。俺は江湖司じゃない。梅崎司だ。俺は人より努力ができる。努力では絶対に負けちゃいけない」

母と渉の人生を背負い、この3年間で俺は強くなる。そして、プロになってお金を稼ぎ、家族に恩返しをする。

前だけを見て、前進する。自分の中に顔を出してくる弱気の虫を抑え込み、俺はピッチに立った。

当時、俺がいちばん衝撃を受けたのが、1学年上の韓国人留学生だったオン・ビョンフンくんだった。年代別の韓国代表にも選ばれていたオンくんは、ドリブルがスピーディかつパワフルで、技術もシュートセンスもピカイチだった。

彼のプレーを見て、あっという間に憧れを抱いた俺は、すぐに「サッカーを教えてください！」と直訴した。

オンくんは最初は驚いていたけど、会うたびに「朝練を一緒にやらせてください」とお願いしているうちに、俺をすごく可愛がってくれるようになった。

当時のトリニータユースの寮は大分市内の河川敷沿いにあって、その近くに土のグラウンドがあった。そこに毎朝6時に二人で出かけて、ドリブルやシュートを教えてもらった。

オンくんはドリブルのテクニックが豊富で、毎回新しい発見があってすごく楽しくて充実した朝練だった。

オンくんは俺が1年の冬に、トリニータユースをやめて、母国の韓国に帰ってしまったが、それまでに俺はオンくんから多くのことを学ぶことができた。

当たり前が当たり前じゃない日常

日々のチーム練習に加え、俺は自主練も小学、中学時代と変わらずに続けた。寮の隣に併設された体育館があり、そこに赤いコーンを置いてドリブル練習をしたり、筋トレルームで筋トレに励んだ。

練習場への往復も、俺にとって重要な自主練の時間だった。

当時、トリニータユースは「大分ガスグラウンド」で練習していた。寮からバスで30分くらいかかる場所にあり、みんなは学校を終えたあと、自転車で20分ほどかけて一回寮に帰り、16時半にみんなでマイクロバスに乗って大分ガスグラウンドへ移動する。そこから2時間練習して、再びマイクロバスで寮に戻り、20時ごろからご飯を食べて、洗濯をして風呂に入って寝る、という1日の流れだった。

「ほかの人と同じことをしていても絶対にダメだ」と思っていた俺は、学校から寮、寮からグラウンドへの移動時間すら「もったいないな」と感じた。そこで、俺は学校から直接グラウンドに向かうようにした。

授業が終わったら、そのまま学校から自転車で40分かけて移動して、みんなより早くグラウンドに行き、マイクロバスが到着するまでのあいだ、ドリブルからのシュートやドリブルからのクロスを、フェンスに向かって延々と一人で繰り返していた。

たまに自宅生が早くグラウンドにきたときには、その選手たちも巻き込んでやっていた。

そして、全体練習が終わったあとは、マイクロバスには乗らず、再び自転車で真っ暗な道を1時間かけて寮に戻り、みんながすでにご飯を食べ終えたあとに、一人でご飯を食べる日々を過ごした。

毎日サッカーに没頭する。本気でサッカーをやっている人間からすれば、これは当たり前かもしれないが、俺は「いまの環境は当たり前じゃない」と、常に自分に言い聞かせ続けていた。

母からは毎月、2万5000円のお小遣いをもらっていた。学費も寮費も遅滞なく支払われていることも知っていた。

俺の家にはお金がない。でも、母は俺のために必ずお金を振り込んでくれる。

これがどういうことかはわかっていた。母は二つの仕事をかけ持ちし、寝る間も惜しんで働いていることを知っていた。身を粉にして働いて得たほとんどのお金を、俺につぎ込んでくれていることも知っていた。

俺は少しでも余計な出費を減らすように心掛けた。買ってもらった白いスニーカーとスパイクは定期的にきちんと手入れをして、履き方にも気をつけた。

寮では朝と夜はご飯が出るが、昼食はすべて自分でまかなわないといけない。最初、俺は昼食の費用を減らすために、ずっと安い弁当を買って食べていて、足りない分は「嫌いなものはない？　残ったものはない？」と、自分のクラスの生徒に聞いて回って、弁当のおかずを少しずつもらって食べていた。

「おかん、お小遣い、もう少し減らしてもいいよ」

ある日、俺は母への負担がいたたまれなくなって、電話でこう伝えた。すると母は、間髪をいれずにこう答えた。

「なに言ってるの。成長期なんだから、ちゃんと食べなさい。お金は気にしなくていいから、いっぱい食べなさい」

電話口の母の優しい言葉に、胸がいっぱいになった。母はいつどんなときも「苦しい」とか、「お金が大変」といった言葉を口にしたことがない。いつも子どものことを考えて、優しく、気丈に振る舞う母は、俺にとってやはり心の支えだった。

「ごめんな、おかん。必ずプロになって恩返しするからな。もう少し待っててな」

サッカーに打ち込めるありがたみを毎日感じながら過ごしていた。

高校1年の夏になると、トリニータユースのファンボ・カン監督が途中出場ではあるが、試合に俺を使ってくれるようになった。

ポジションは当初ボランチだったが、コーチの村田一弘さんから、「左サイドハーフをやってみろ」と言われて、ポジションをコンバートされた。

自分のプレースタイルには左サイドのほうが合っていた。持ち味であるスピードに乗ったドリブルが発揮できる。もちろんまだ止められることはたくさんあったが、少しずつ自分のプレーに自信を持てるようになった。

俺のトリニータユースでのデビュー戦は、日本クラブユースサッカー選手権（U－18）九州予選のアビスパ福岡ユースとの試合だった。残り15分から投入されたが、なにもできずその試合は敗戦。夏の全国大会への出場はならなかった。

「出られない3年生もいたのに、代わりに入った俺は流れを変えられず負けてしまった。もっと頑張らないといけない」

ほろ苦いデビュー戦だったが、これが俺の向上心に火を点《つ》けた。

レギュラーをつかんだ高校2年

高校2年になると、ほかの選手と比べて体はそれほど大きくないけれど、培《つちか》ってきた一瞬のスピードとボールコントロールで相手をかわし、シュートまで持っていけるようになった。自分の思い描いたプレーを徐々に表現できるようになり、レギュラーをつかんだ。

「俺の持ち味はドリブル。左サイドのポジションならそれを最大限に活かせるし、もっと磨きをかけたい」と、強く思うようになった。

自主トレでも自分の武器を意識し、常に敵がいる状況をイメージしながら、高速シザーズから縦に突破してトップスピードのままクロスと、カットインしてからの右足ミドルシュートを、グラウンド脇のフェンスに向かってひたすら打ち込んでいた。

それを寮に帰ってから体育館での自主トレでも行うようになり、この徹底したサイクルが俺の血となり骨となった。

7月の韓国遠征で、U－17韓国代表と試合をしても俺のドリブルは面白いように通用し、決勝点に絡んで勝利に貢献した。

あまりの自分の好調ぶりに、大分に来てから初めてプロになれる手応えをつかんだ。

絶好調の状態で、前年は出場を逃した日本クラブユース選手権の全国大会を迎えた。

でも、この大会で、俺はこれまでの活躍が嘘のように絶不調に陥《おちい》った。

自分の思うようなプレーがまったくできず、不完全燃焼に終わった。

グループリーグ初戦の清水エスパルスユースとの試合。気合いはみなぎっていたが、立ち上がりから韓国遠征のときのようなイメージ通りのプレーができない。最初は緊張している影響だと思っていたが、時間が経っても一向に調子が上がってこない。

「おかしい。どうしよう……」

俺は混乱に陥り、自分を見失ってしまった。思うようなプレーができないまま途中交代となった。続くベガルタ仙台ユース戦でも、なにもできないまま途中交代を命じられ、チームも敗戦。1敗1分けでグループリーグ突破が難しくなった。

グループリーグ第3戦の川崎フロンターレユース戦でチームは4−1で勝利を飾り、トリニータユースは全国大会初勝利を挙げたが、スタメン出場をした俺はここでもチームに貢献できず、途中交代でベンチに退いた。

結果は1勝1敗1分けでグループリーグ敗退。厳しい現実を突きつけられ、同時に自分でもわかるほど現状に対する苛立ちを抱えていた。

大会後も俺の調子は一向に上がらなかった。それでもファンボさんはずっと俺をスタメンで使ってくれていたけど、いくらチャンスを与えられても全然期待に応えられず、苛立ちはさらに募っていった。

なにをやってもうまくいかない。本当に苦しかった。

周りに相談して話を聞いてもらえれば、もっと自分の感情をコントロールできたのかもしれない。でも、俺は自分のことを周りに話すことが嫌だった。

小学6年でいじめを受けてから、友人にも心の扉を完全に開けなくなっていたのだ。

そして、高校2年の秋、そのイライラがついに爆発してしまった。

監督を激怒させた試合中の態度

2003年11月3日、Jユースカップ2003予選のサガン鳥栖ユース戦。

大分県内の佐伯市営陸上競技場で行われたこの試合の前日、俺はずっと守っていたスタメンから、ついに外されることをファンボさんから通達された。

いつ外されてもおかしくない状態だったことは自分でもわかっていたが、正直、ショックだった。それと同時に、「途中からでも出場したら絶対に結果を出して、ファンボさんを見返してやる！」と強く思った。

「もしもし、おかん。突然だけど、明日の試合を観にきてほしいんだ」

その夜、俺は母に電話をかけてこうお願いした。サガン鳥栖ユース戦は、いまの自分にとって勝負の試合だった。レギュラーを外されたからこそ、その真価が問われる一戦だと思った。

だから、母に観にきてほしかった。

「うん、わかったよ」

翌日、母は諫早から片道4時間かけて、佐伯市営陸上競技場まで来てくれた。

気合いがみなぎっていた俺は、試合が始まってからずっと「早く俺を出せ！」と思いながら、ベンチで試合を見つめていた。アップ中も、「早く、早く！」とベンチのファンボさんに目で訴え続けていた。

「司、行くぞ！」

後半10分についに出番がやってきた。

「今日は絶対に点を獲る！」

俺は勢いよくピッチに飛び出した。

しかし、10分ほどプレーしたあと、「司、サイドバックに入れ！」と、ファンボさんにいきなりやったことがないポジションでのプレーを指示された。

「なんで俺がサイドバックなんだ!?」

心の中ではそう思いながらも、必死でプレーした。しかし、その10分後に俺は交代を告げられた。

「は!?」

途中で出場したのに、わずか20分足らずで交代。しかもやったことのないポジションまでやらされてだ。

俺は我慢の限界に達した。日頃から溜まっていた鬱憤とともに感情が爆発してしまった。

「ふざけんな!!」

俺はこう叫びながら、ピッチ脇に置いてあったドリンクボトルを思い切り蹴り上げて、そのままロッカールームに引き上げた。

トリニータユースでは、交代された選手は、必ずファンボさんのところに行って挨拶をしないといけない。ファンボさんの機嫌がよければ「お疲れさん」、悪ければ「下がって」だけで終わる。必ず監督のところに行くのがルールだった。

でも、俺はそれをしないどころか、かなりの悪態をついてそのままロッカールームに下がってしまった。

自分のしたことは規律違反だ。でも、そのときは頭の中が真っ白で、なにも考えられなかった。ロッカールームに戻った俺は、タオルを頭からかぶって、座り込んだまま動けなかった。

30分くらい経っただろうか、ファンボさんがロッカールームのドアを開けて入ってきた。

「梅崎、立って」

俺は言われるがままに立ち上がると、そこからファンボさんは烈火の如く怒った。

「お前はプロか？　そうなのか!?　答えろ!!」

「い、いいいえ……違います」

「お前はまだプロじゃないだろう！　そういう態度はプロになってからしろ！」

「すみませんでした」

「悔しかったらピッチでプレーで示せ！　お前はいったい何様なんだ！」

こんなに怒ったファンボさんは初めてだった。気がつくと俺は大粒の涙を流し、「すみませんでした」と繰り返すだけだった。

解散後、俺はすっかり落ち込んだ。なぜあんな態度をとってしまったのか。後悔してもしきれなかった。

試合会場からバスで寮に戻ってきてからも、完全に打ちひしがれていた俺に、母が駆け寄ってきた。

「いったいなにがあったの？」

俺は母がきていることをそのとき思い出した。

せっかく母が忙しい合間を縫ってきてくれたのに、こんな無様な姿を見せてしまい、情けなくて仕方がなかった。

寮の前に立っている母の姿を見て、涙が再び溢れてきた。

そんな俺の姿を見た母の目にも涙が。母はそっと俺に近づくと、「司、頑張りなさいよ」と俺を優しく抱きしめてくれた。

「おかん、ごめんよ。本当にごめんよ……」

しばらくのあいだ、母はなにも言わずに抱きしめてくれた。

「司、あんたならできる。信じてるよ」

「もうあんな態度は絶対にとらない。絶対に頑張る」

そう言葉をかわしたあと、母は諫早へ帰っていった。あらためて感じた母の優しさと偉大さ。

もうあんな子どもじみた態度はとるまいと、俺は心に誓った。

サガン鳥栖ユース戦の翌日、練習はオフだった。学校の授業が終わり俺は真っ先に寮に戻ると、寮の事務所に呼び出された。

事務所のドアを開けると、そこにはファンボさんが座っていた。

一気に緊張感に包まれた俺は、会釈をしてファンボさんの前に座った。

「梅崎、なんで俺があそこまで怒ったかわかるか？」

「僕があああいう態度をとったからだと思います」

とっさにそう答えると、ファンボさんはこう答えた。

「違うよ。俺はね、いちばんお前に期待しているんだ」

涙がこぼれた。あらためて自分の行為がものすごく愚かであったことを痛感した。

その日からどんなに厳しいことを言われても、スタメンを外されることがあっても、俺はファンボさんの言葉に耳を傾け、「絶対に期待に応えるんだ」という強い気持ちを持って取り組めるようになった。

サガン鳥栖ユース戦後、俺はずっとスタメン落ちを味わった。そして一度、セレッソ大阪ユースとの試合でスタメンのチャンスをもらったが、プレーのできが悪く、たった30分で交代を告げられた。

このとき、あまりにも自分がふがいなくて、自分に対して「くそ!」と口にしてしまった。それをファンボさんは聞き逃さなかった。

「梅崎、いまのは?」と、鋭い眼光で俺を睨みつけた。

「すみません。あまりにも自分がふがいなくて、つい声が出てしまいました」

慌てて弁明し、その場は何事もなかったが、この試合以降、俺はベンチにすら入れなくなってしまった。

それでも母の思い、ファンボさんの思いをきちんと理解した俺は、腐ることは一切なかった。

「苦しくなったときこそ、とにかく練習をしよう」

全体練習のあとも寮の隣にある体育館でボールを蹴ったり、ダッシュをしたりして、自主練を繰り返した。

ある日、寮の近くの河川敷を走っていると、突然、小学生のときの記憶がフラッシュバックした。それは辛いことがあったとき、母と一緒に走った風景だった。

「あ、俺はやっぱり辛いときは走るんだな。おかんとのランニングは俺にとって最良のメンタルコントロールだったんだ」

どんなときにも俺の意識の中には母がいる。その存在の大きさをまたあらためて知ることができた。

「絶対に這い上がる。ファンボさんが認める選手になる！」

俺はどんなことがあっても腐らず、自分を見失わず突き進む覚悟を決めた。

試合観戦に父が来る

揺れ動く高校2年の1年間。この時期にある変化があった。

それは、父が試合を観に訪れるようになったことだった。1年間で2回ほどだったが、父は母がいないときに突然、現れて、試合後に声をかけてきた。

「おう、司、元気か」

「ああ、元気だよ」

と素っ気なく返した。それでも怒ることなく話しかけてくる父。

「親父みたいな人間には絶対ならない」とずっと嫌っていたが、心のどこかに、「でも、俺の唯一の父親なんだ」という思いがあった。

無機質に答えていたが、俺は父を無視することはなかった。


2回目の観戦のとき、父から突然、こう言われた。

「司、焼肉でも食べにいくぞ」

突然の申し出に驚いたが、俺は断らなかった。

移動中、父の運転する車の中では一言も話さなかった。

「俺は親父を絶対に許すことはできない。いくら俺に対する対応が変わっても……」

父は、あれほど否定し続けてきたサッカーを認めて応援するようになった。でも、その変化は俺にとってもう遅かった。ただ、誘いに応じたのは、「俺の父親」という変えられない事実と、「サッカーを認めさせることができた。もっと親父を見返してやりたい」という思いからだった。

大分市内の焼肉屋に入り、向かい合って座った。会話は一向に弾まない。

俺はただ父の問いかけに単語で答え、自分から言葉を発することなく、目の前で焼かれる肉を食べ続けた。1時間ほど店にいて、すぐに父の運転する車で寮に戻った。

「またな、司」

父にそう言われても答えず、そのまま寮の中に入った。

複雑だった。憎むべき相手であり、血のつながった父。当然、母は俺が父と会うことを嫌がるし、心の中で葛藤があった。

「俺はサッカーに集中しないといけない。プロになって母と渉を守らないといけない」

父と会ったことによる動揺を打ち消すようにサッカーに没頭した。

夢へのラストチャンス

サッカーと家族。

いろいろ思いを抱えたまま、あっという間に2年の歳月が過ぎ、俺は高校3年になった。

この年、ユースの監督が交代した。トップチームのコーチだった村田一弘さんがユースの監督に就任すると、ファンボさんはトップチームのコーチになった。

ファンボさんには戦うメンタリティを鍛えられ、村田さんからはサッカーの技術や戦術などピッチにおける多くのことを学んだ。

母は3年間変わらず、時間を見つけては試合を観にきてくれた。母は仕事を多く抱えており、いつも当日に試合会場に現れては、「はい、お弁当。がんばりなさいよ！」と手作り弁当を俺に渡して、試合を観てからすぐ諫早に帰るような慌ただしさだった。

会話をする時間があまりなくても、諫早から大分まで試合にきてくれる母の存在は、俺にとってなによりのモチベーションだった。

それでも、俺が置かれている状況は厳しかった。

周作やフク（福元洋平）を始め、周りの何人かはすでにトップチームの練習に参加しているのに、俺はたまにしか呼ばれない。嫌でも周りと自分に対する評価の差を感じてしまう。

一瞬だけ大学進学を考えた。でも、その考えがよぎった時点で気持ちで負けていると思い、すぐに雑念を捨てた。

俺はどこかで尖り続けたままだった。あまり人を信用しなかった。簡単に心を許すわけにはいかなかった。

そこには裏切られる恐怖もあったし、プロになるために自分を甘やかしてはいけないという義務感があり、自分のことで精一杯だったため、人を寄せつけない雰囲気を出していたかもしれない。

「いつか絶対に道は開ける。いや、開いてやる」

プロになるために大分にやってきて、今年で評価されなかったら、高卒プロの道は閉ざされてしまう。

危機感に駆られていた。

実はトリニータユースからトップチームに昇格した選手は、過去に韓国人選手で一人いるだけで、日本人はまだ誰もいなかった。

そして、同級生の周作はユース初の日本人トップチーム昇格者になることが確定的といわれていた。同じく、1学年下のフクもすでに昇格確実といわれていた。

そこに俺の名前は挙がっておらず、昇格は厳しい状況だった。それは俺自身がよくわかっていた。

でも、それで諦めてしまうほど、俺の覚悟と背負っているものは軽くなかった。

「最後の最後まで、1%でもチャンスがある限り、俺は絶対に諦めない」

春に行われた学校での三者面談で、俺は、「トリニータのトップチームに昇格して、プロとしてやっていきたい」と進路について話すと、担任の先生は、「気持ちはわかるけど、大学も考えなさい。プロになることはそんなに簡単なことじゃない」と諭した。

「わかりました。ちゃんと考えます」

俺は先生にそう答えたが、内心は「くそ、絶対に見てろよ!」と、まったく逆のことを思っていた。

もちろん、自分のことを考えてくれての意見だということはわかっていた。でも、俺はその言葉を受け入れることはできなかった。

「司がやりたいようにやりなさい。楽しんでやりなさい」

そんな状況でも母は、あくまで俺の気持ちを尊重してくれた。母の頭の中には、「プロになってほしい」よりも、「サッカーを楽しんで、司らしく生き生きとした姿を見せてほしい」という思いが強かった。その思いに応えたい。前だけを見つめて、努力をするしかなかった。

7月の日本クラブユースサッカー選手権前、母は俺の現状を関係者から「プロになれるかどうかの瀬戸際です」と伝えられていたという。

その事実は知らなかったが、自分でも当落線上にいることははっきりとわかっていた。

覚悟の日本クラブユース選手権

「ここで結果を残さない限り、俺はプロになれない」

迎えた2004年の日本クラブユースサッカー選手権。

グループリーグの3試合を戦い、結果は1勝2分け。チームは惜しくもグループリーグ敗退となったが、俺は京都サンガユース戦でゴールを決め、鹿島アントラーズユース戦でも躍動した。

この大会に、トリニータの強化部長だった立石敬之《たていしたかゆき》さんが観にきてくれていた。自分の人生を懸けたアピールが少しは成功したかもしれない。俺は夢に近づけた手応えを感じていた。

さらに俺は、日本クラブユースサッカー選手権後に行われた埼玉国体九州予選のメンバーに選ばれた。九州予選ではサイドでなくＦＷをやらせてもらった。監督から自由を与えられていて、ボールを持ったら迷わず仕掛けた。

自分でも納得がいくパフォーマンスを見せて、予選の突破に貢献できた。

「もっと頑張れば、手が届くところまできているかもしれない」

自分の中に湧き上がる希望。さらにプレーに磨きがかかっていった。

国体予選が終わり、迎えた9月。俺たちトリニータユースは大分県代表として天皇杯に出場した。ここでも俺のプレーはキレていた。１回戦の富士大学戦で勝利すると、続く2回戦の紀北蹴球団戦では、２ゴールをマークして2－１の勝利。３回戦へ駒を進めたのだ。

そして、10月のサテライトリーグのアウェー・ガンバ大阪戦の遠征メンバーに、ユースから俺だけが選ばれた。

「マジか！　これはきたかも」

未来が開けていく感じがした。

緊張しながらも遠征に帯同すると、試合に出場し、当時、ガンバ大阪の主軸であった橋本英《ひで》郎《お》選手を相手にしても臆することなくドリブルを仕掛けることができた。試合途中に橋本選手とバッティングをして額を切ってしまったが、包帯をぐるぐる巻きにしてプレーを続けた。

そこで感覚をつかめた俺は、天皇杯3回戦の横浜FC戦に臨んだ。

横浜FCのホームであるニッパツ三ツ沢競技場のピッチはすごく綺麗だった。ゴール裏にはたくさんの横浜FCサポーターが詰めかけ、選手に声援を送る。プロの雰囲気を感じられたこの試合は、最高に楽しかった。

ガンバ大阪戦同様に臆することなくプレーできた俺は、試合こそ0－4で敗れたが、試合後に横浜FCの監督だったピエール・リトバルスキーさんに声をかけられた。

「キミ、すごくいいプレーだったよ」

一気にテンションが上がった。さらに、横浜FCサポーターのところへ挨拶に行くと、「梅崎、よかったぞ！」と言ってもらえた。鳥肌が立つほど嬉しかった。

天皇杯からしばらくして、犬飼総合グラウンドでユースの練習試合を終え、仲間たちとクールダウンしていると、観戦にきていた立石さんが近づいてきた。

「梅崎、ちょっときて」

呼ばれたのは俺だけだった。

高鳴る鼓動を抑えながら、立石さんのもとに駆け寄っていくと、俺に一言こう告げた。

「お前はプロでやっていく自信はあるか？」

全身がゾクゾクした。

「はい、やれる自信はあります」

即答し、俺は立石さんの顔をまっすぐに見つめた。

「わかった。戻っていいぞ」

そう言葉を残して、立石さんは去っていった。

しばらく俺はその場から動けなかった。

「ついに、きたぞ……」

本当はその場で叫びたいほど嬉しかった。でも、そこはグッと堪えて、仲間のもとへ戻ったが、その日は興奮して寝られなかった。

後日、俺は正式にトップチーム昇格を伝えられた。

「おかん、やったぞ！　ついに俺、プロになれる!!」

俺はすぐに母へ電話をかけた。

「よかったね！　本当によかったね！　司が頑張ったからだよ。司自身がつかんだ成果だよ!!」

母は電話越しに泣きながら喜んでくれた。

「おかん、本当にいろいろありがとうね。これから絶対に恩返ししていくから待っていてね」

俺も泣きながら答えていた。

プロへの「合格通知」をもらった翌日、俺はいつもと同じように学校に行く準備を整え、玄関で「あの靴」を履いて外に出た。中学3年の福岡旅行で母に買ってもらった白いスニーカー。3年間丁寧に履いて、ちゃんと手入れもしていたが、もう真っ白ではなく、少しくすみが入っている。

でも、俺にとっては、母の愛が詰まった大切なもの。プロの世界に飛び込むことが決まってから履くそのスニーカーは、いつもと感触が違った。まるで俺のプロ入りを喜んでくれるかのように軽やかだった。

まさに新たなスタートを切った気がした。

無機質な父への思い

俺はついに念願のプロサッカー選手になる夢を、この手でつかみとった。

その年の冬、父が試合を観に大分にやってきて、試合後に話しかけてきた。

いつものように素っ気ない答えを返すだけだったが、最後に俺は初めて自分から口を開いた。

「親父、俺、プロになるから」

その言葉に父は笑顔を見せ、「おめでとう」と言った。すでに報道で知っていたと思うが、自分の口から直接伝えてその笑顔を引き出せたとき、俺は「親父を見返した」と思った。

「じゃあな」

父のその言葉にも俺は笑顔を見せることなく、素っ気なくその場をあとにした。

やはり俺は、父に対して心を開くことはできなかった。それくらい、父がしたことは俺にとって「絶対に許せない過去」だった。

認められなかった国見に勝利し、高校生活を締めくくる

年の瀬に、俺たちは国見高校と練習試合をした。国見には小嶺アカデミーで一緒だった渡邉千真、城後寿だけでなく、藤田優人《まさと》もいて、この年のインターハイ優勝、選手権ベスト４の力を誇っていた。

その国見と長崎の百花台《ひゃっかだい》公園サッカー場での試合。俺にとっては久しぶりに長崎への凱旋《がいせん》だ

った。

千真はプロには行かず、早稲田大学への進学が決まっていた。中学時代に差をつけられたライバルより先にプロ入りを決め、プロ内定選手として国見に真っ向から戦えることが嬉しかった。

結果は2－1で勝利。

「俺、トリニータに来てよかった。この3年間でめちゃくちゃ成長できた」

大きな手応えと自信を胸に、俺は高校を卒業し、プロへと羽ばたいていった。

第4章

挑戦

大分トリニータ～グルノーブル

大分トリニータ、背番号27

俺はついにプロサッカー選手としての道を歩き始めた。

渡された背番号は27番。

大分トリニータで、ユースから昇格した日本人フィールドプレーヤーは俺が初めてだった。

入団会見では高校3年間で大親友となった周作と、ちょうどこの年から監督に就任したファンボさんと並んだ。気が引き締まったし、なにより3人でこのときを迎えることができて嬉しかった。

同時に俺は梅崎家を背負う存在になった。

「いつまでもおじいちゃんたちの家にお世話になるのは悪いし、渉も高校受験があるから」

俺は母に話を持ちかけ、城見の家から出ることを提案した。そして、母と渉だけで住めるように諫早市内にアパートを借りた。もちろんそのお金はすべて俺が払うようにした。

初給料では、母にヴィトンのポーチをプレゼントした。

家族が笑顔で暮らせるようにする——。

それは俺が自分に課せた「義務」だった。

俺は二人に散々迷惑をかけた。大変な時期に一人だけ大分に移り、学費や生活費などすべての費用を払ってもらいながら、３年間自分の大好きなサッカーを存分にやらせてもらった。だからこそ、これからは二人に自分のやりたいことを存分にやってもらいたい。そのためにかかるお金はすべて俺がまかなう覚悟でいた。

しかし、プロ１年目は厳しい結果だった。

最初は衝撃だった。これまでやってきたサッカーとは、すべての次元が違った。

特に感じたのが、「駆け引き」のすごさだった。「あそこが空いている」と思ってパスを出したり、ドリブルを仕掛けたりすると、実は罠《わな》であっさりと奪われてしまう。それがしょっちゅう起こり、自分の力のなさを痛感した。

俺はそこまで期待されてプロになったわけじゃない。一緒に昇格した周作はすぐに正ＧＫの座を勝ち取り、もはや雲の上の存在。自分の同期は周作だけで、ほかにはいちばん年が近くて２歳上の内村圭宏《よしひろ》くんだった。

それに当時のチームはすごく緊張感が漂っていて、殺伐としていた。決して仲が悪かったのではなく、プロフェッショナルとして実力を求められる集団だった。その雰囲気に俺は正直、萎縮してしまっていた。

単なるボール回しやポゼッション練習一つにしても、俺と同じチームになるとみんなが嫌がる状態だった。

「おい、お前、それくらいやれよ！」

俺がミスをするたびに厳しい声が飛ぶ。あからさまに舌打ちをされたことも少なくなかった。自分のミスでボールを奪われたら、誰も追いかけてくれないこともあった。

その雰囲気を感じて、ますます俺は萎縮するようになってしまった。

「こんなんで俺はやっていけるのか？」

不安を抱えながら毎日を過ごした。ピッチ上では、「ミスしないように、みんなに迷惑をかけないように」と慎重にプレーしようとしすぎて、さらにミスをする。すべてが悪循環だった。

しかし、その悪循環も、年下の選手からの刺激によって食い止めることができた。

２００５年４月16日に行われたJリーグ第６節のアウェー・清水エスパルス戦。同じU－18日本代表でプレーする、１学年下の山本真希《まさき》がスタメンで堂々たるプレーをしていた。

その試合で当然のようにメンバー外だった俺は、大分に残ってテレビでこの光景を観ていた。この試合、同じく１学年下の福元洋平もベンチ入りをしていた。

「U－18日本代表では一緒だったフクと真希は高校３年にもかかわらず、試合に絡んでいるのに、俺はベンチにも入れず……。本当にこんなんでいいのか？」

真希が臆することなくプレーする姿を観て、自分自身への怒りが込み上げてきた。

「このままじゃ終われない。なにをビビっているんだ。もうアピールしていくしかないじゃないか」

年下の活躍に刺激を受け、自分の中で吹っ切れたものがあった。

もう俺は絶対にビビらない。これまで小学、中学、高校とずっと得意としてきた「ドリブル」という武器を徹底的に磨いていくしかない。

練習では自分が得意としていた左サイドからカットインしてのシュート、縦に突破してのクロスを積極的に見せた。

全体練習が終わったら、すぐに自主練に移り、この得意の形を繰り返し練習し、その精度を徹底して「プロ仕様」に磨いていった。

迷いから解き放たれたことによって、俺の原点である「チャレンジすること」が少しずつだがプレーで表現できるようになった。

そんな状況の中、ついにプロデビューのときがやってきた。

5月28日、ナビスコカップCグループ第4節のホーム・FC東京戦。ベンチ入りを果たした俺は、アップをしていると後半途中に声がかかった。

「司、いくよ」

高校時代、俺に精神的な強さを与えてくれた恩師であり、この年にトップチームの監督に昇格したファンボさんから声がかかった。

俺は79分に木島良輔《りょうすけ》さんに代わって、ピッチに飛び出していった。

待ちに待ったプロの試合。しかし、俺はなにも爪痕を残せないまま、試合を終えてしまった。

「くそ、次こそは必ず！」

そこからベンチ外が続いたが、デビューした感触を忘れないように、自主練にもより熱が入った。

そして7月10日、J1リーグ第15節のホーム・サンフレッチェ広島戦で俺は再びベンチ入りを果たした。

85分に西山哲平さんに代わって投入され、リーグ戦デビューを飾ったが、FC東京戦同様になにもできないまま試合は終了した。

9月、俺をトップチームに引き上げてくれたファンボさんが監督を解任された。

俺がトップチームに昇格できたのは、ファンボさんの強烈な後押しが大きかったことをある人から聞いた。俺のトップ昇格に異を唱える人もいる中で、ファンボさんが「彼なら絶対にチームの主力になれる。トップチームに昇格させるべき」と主張してくれたという。

ファンボさんがいなかったら、俺はプロになれなかったかもしれない。

高校時代にたくさんのことを学び、メンタル面を鍛えられ、トップチームに引き上げてもらい、プロデビューもさせてくれた。

感謝してもしきれないファンボさんの解任。伝えられたのは、クラブハウスで急遽《きゅうきょ》、行われた全体ミーティングでだった。

「マジか……俺はファンボさんにあれほど助けてもらったのに、選手としてなにも恩返しできなかった」

責任を感じたし、悔しさと悲しさでいっぱいだった。

「でも、これがプロという世界なんだ」

俺はプロの厳しさをあらためて感じるとともに、「この先絶対に活躍して、そのニュースをファンボさんに届けることが俺の恩返しになる」と、さらなる成長を誓った。

ファンボさんのあとを継いだペリクレス・シャムスカ監督は、1学年下の福元洋平をスタメンに抜擢《ばってき》した。

高校3年なのにレギュラーとして堂々とプレーするフクに対し、俺は練習では積極的なプレーを見せることができても、肝心の試合では存在感を出せず、出番もほとんど回ってこない。フクは一気に俺を追い抜いていった。

「なにをやっているんだ俺は……」

悔しさが沸々と込み上げていた。ただ、幸いにも、俺にはその悔しさを思い切りぶつけられる場所があった。それは吉田靖監督率いるU－18日本代表だった。

トリニータ入団後すぐに、俺は2年後のU－20ワールドカップを目指すU－18日本代表の立ち上げメンバーに選ばれた。俺は早生まれだったため、チームの年長としての参加だったが、これまで一度も九州選抜にすら入ったことがない俺が、一気に年代別日本代表に選ばれたことは驚きだった。

「俺が日の丸を背負う……夢みたいだ」

プロ入りが決まったときと同じくらい嬉しかった。同時に、「なにがなんでもメンバーに選ばれ続けて、U－20ワールドカップに出場する」と決意を固めた。

最初のスロバキア遠征で、俺は初めて日本代表のブルーのユニフォームに袖を通して、試合前に「君が代」を歌った。鳥肌が立ち、「もっとこの気持ちを味わいたい」と強く思った。

吉田監督は俺がトリニータで自信を失ったときも、うまくいかずにもがいているときも、必ず俺を代表に呼んで国際試合やプロチームとの試合で起用してくれた。

U－18日本代表で自信をつかみ、大分に帰ってきて、もう一度ここで自分を表現する努力をする。

「俺は絶対に成長する」

いつしか悪循環は好循環に変わり、俺は必死で前に進むことができた。

そして、12月3日のJ1リーグ最終節のアウェー・東京ヴェルディ戦で、プロ入りしてから初めてスタメン出場を果たした。納得のいくプレーはできなかったが、気持ちは前を向いていて、「来シーズンこそは必ずやってやる」と心に誓った。

飛躍の2年目、年代別代表

ルーキーイヤーの2005年、リーグ戦出場は3試合に終わった。

迎えた2006年、背番号が27番から21番に変わった。

これは前年まで周作がつけていた番号だ。このシーズン、周作はフロントから「1番をつけてほしい」と言われたが、21番を気に入っていたため背番号の変更を悩んでいた。

そのことを聞いた俺が、「じゃあ俺が周作の21番を引き継ぐ」と、周作とフロントに希望したのがきっかけだった。

俺にとって周作はサッカー選手としても、人間としても心から尊敬し、見習うべき存在であった。サッカー面では日々の練習に真摯に取り組み、常に上を目指しながらも心の底からサッカーを楽しんでいた。その姿は俺にとって理想で、常に自分より先を歩んでいく周作は憧れでもあった。

人間的にも素晴らしくて、人の悪口は絶対に言わないし、「自分が上」という驕った態度も一切とったことがない。

そんな周作が大好きだったし、いつか追いつきたい、一緒にピッチに立って喜びを分かち合いたいと常に思っていた。だからこそ、俺は周作の21番を引き継ぐことを強く希望し、実現することとなった。

背番号を新たに、俺はこのシーズンに強い思いを抱いていた。

U－19日本代表に選ばれ、10月にインドで開催されるAFC U－19選手権で優勝し、U－20ワールドカップの出場権を獲得する。そして、トリニータでレギュラーをつかむ。

この二つを目標に掲げて、プロ2年目のシーズンをスタートさせた。

トリニータでのシーズン序盤は決して順調ではなかった。紅白戦をやってもメンバーにすら入れないときもあった。いちばん辛かったのは、当時のトリニータは登録選手を25人と少数体制でやっていて、公式戦がある日は、メンバーに入れなかった選手だけで練習をしなければいけなかったことだ。

ケガ人もあり、実質稼働している選手は俺を含めて21～22人程度。リーグ戦やカップ戦の帯同メンバーは18人。そうなると残された選手は3、4人。俺はいつもその中に入っていた。

ある日の残り組の練習はGKがいなくて、俺とモリゲ（森重真人《まさと》）と高橋大輔くんの3人だけだった。

「絶対にここから這い上がってやる」

３人とも腐ることなく、上を目指して切磋琢磨《せっさたくま》し合える存在だったことが俺にとって幸運だった。

惨めだし、恥ずかしいし、悔しいけど、同じ思いを共有し、そこから脱却しようとする同志がいる。だからこそ、３人で2対1や1対1をやるときはバチバチだった。モリゲがフィジカルの強さを出して厳しく寄せてくる。俺はそれをスピードでかわしたり、体をぶつけながらなんとか前に進もうとする。

誰もいない練習場のグラウンドで、俺たちは試合さながらの削り合いのバトルを激しくやりあった。すべてはここから這い上がるために。

こうして厳しい状況に置かれながらも、ブレることなく上だけを目指せたのは、U－19日本代表の吉田監督の存在がやはり大きかった。試合に出られず、コンディションを崩したときでも、必ず代表に呼んでくれて、貴重な経験を積ませてくれた。

「代表に呼んでもらっている以上、中途半端なプレーはできないし、もしいまここで代表から外れたら、自分のプロとしての人生も厳しくなる。少しでもチャンスがあるならつかみとるしかない」

必死だった。そして、成果はすぐに表れた。

２００６年4月15日。Ｊ１リーグ第８節のホーム・ヴァンフォーレ甲府戦。ベンチ入りした俺は、２－１のリードで迎えた70分にオズマールに代わって投入されると、82分に追加点となる３点目のアシストをして勝利に貢献することができた。ずっと憧れていたホームの九州石油ドームでの初アシストと勝利。本当に嬉しくて仕方がなかった。

この活躍がきっかけで、俺はレギュラー定着の足がかりをつかんだ。

4月22日、Ｊ１リーグ第９節のアウェー・大宮アルディージャ戦。さいたま市浦和駒場スタジアムで行われたこの試合で、２００６年シーズン初スタメンを飾ると、続くヤマザキナビスコカップＢグループ第３節のホーム・鹿島アントラーズ戦でもスタメン出場し、フル出場を果たした。さらに、Ｊ１リーグ第10節のホーム・ジェフユナイテッド千葉戦でも３試合連続スタメン出場を果たし、調子はグングン上がっていった。

そして5月３日、ついに待望の瞬間がやってきた。Ｊ１リーグ第11節・アウェーの鹿島アントラーズ戦。４試合連続でスタメンに抜擢された俺は、「このチャンス、絶対に逃してなるものか。俺が必ずゴールを決める！」と、並々ならぬ気持ちで臨んだ。

高まる気持ちを抑えきれないまま、トップ下のポジションで試合に出場した俺は、０－０で迎えた44分、周作が相手のクロスボールをキャッチして、すばやく根本裕一さんにつないだ瞬間、「俺のところにくる！」と直感した。

根本さんがそのままドリブルでハーフウェイラインを越えたとき、俺はダイアゴナルランで一気にゴール前に向かった。根本さんと目が合った瞬間、「くる！」と思った俺は一気にスピードアップし、裏へ飛び出すと、根本さんからグラウンダーのクロスが足下にピタリと届いた。イメージ通りのファーストタッチでボールをコントロールし、顔を上げた瞬間、アントラーズGKの小澤英明さんが飛び出してきたのが見えた。

冷静に切り返して小澤さんをかわすと、そのままスライディングでシュートを放った。ボールはアントラーズサポーターが陣取るスタンド側のゴールへ一直線。ネットが揺れた瞬間、俺は頭の中が真っ白になった。

喉から手が出るほど欲しかったプロ初ゴール。しかも、そのゴールの起点は周作だった。

周作がトリニータのゴールを守り、俺が相手のゴールを目指す。そして、周作のフィード（パスを出すこと）から俺がゴール前で勝負してゴールを決める。このシーンを実現させることが、俺にとってプロでの夢の一つだった。それがプロ初ゴールでできたことは、このうえない喜びだったし、そのときの周作の笑顔はいまでも忘れない。

この試合、後半途中で俺は交代を告げられるが、このゴールを全員で守りきって、１−０で勝利した。

これまでトリニータはアントラーズに一度も勝ったことがなかったが、俺のゴールで初めて勝利した。さらに、俺はこの試合でプロA契約を結ぶことになった。

「これで俺も胸を張ってプロサッカー選手といえるんだ」

大きな自信を得たことで、ミスを一切恐れないチャレンジ精神溢れるプレーを見せられるようになった。

続く第12節のホーム・京都サンガ戦。ここでもスタメン出場を果たした俺は、高校時代に抱いた「父への優越感」を再び抱こうとしていた。

この試合、父が観戦にきていた。

前日に突然、父から電話が入り、「明日試合を観にいくから」と告げられた。普通の親子ならば、そこで「よし、親父のためにも活躍しよう」と思うだろう。

でも、俺は違った。

「よし、明日の試合で活躍して、俺がサッカーをすることをずっと否定してきた親父に、あらためて『あんたは間違っていた』と証明してやる」という気持ちだった。

キックオフの笛が鳴ると、俺は積極的なドリブルで攻撃のリズムを作った。父が観にきていることなどすっかり忘れ、多くの観客がいる九州石油ドーム（現・レゾナックドーム大分）の雰囲気とサッカーを心の底から楽しんでいた。

０−０で迎えた56分、ペナルティーエリア内でドリブルを仕掛けるとファールで倒された。このプレーでＰＫを獲得すると、エースの高松大樹《だいき》さんがこれをきっちりと決めてくれて、俺に真っ先に抱きついた。

「よし！　今日もいけるぞ！」

勢いに乗った俺は70分、高松さんがシュートを放った瞬間、無意識のうちに体が動いた。狙い通りこぼれてきたボールにいち早く反応して蹴り込み、ホームスタジアムでの初ゴールを挙げた。

今度は、自分を中心に歓喜の輪ができた。81分に１点を返されるが、俺のゴールが決勝点となり、２−１で勝利を収めた。

２試合連続ゴール、そして１得点１ＰＫ獲得の活躍で、俺はこの試合の「マン・オブ・ザ・マッチ」（試合中で最も活躍した選手に贈られる賞）になった。

初めて九州石油ドームで受けたヒーローインタビュー。

「親父、聞いているか？　俺はあんたの前で証明してやったぞ！」

心の中でこう思っていた。

試合後、父から電話が入り、「おめでとう」と言われた。素っ気なく答えた俺は、さらに「これで親父を見返すことができた」と優越感に浸った。

続く第13節のアウェー・セレッソ大阪戦でもゴールを決めて、3試合連続ゴールをマーク。チームも3連勝と、まさに絶好調だった。

完全にレギュラーに定着した俺は、さらに調子を上げていった。

対戦相手に田中マルクス闘莉王《トゥーリオ》さんや、阿部勇樹さんといったA代表の選手がいようと、まったく臆することなく挑めていたし、何度ミスしても強気でトライし続けた。もう萎縮しまくっていた1年目や、メンバーに入れず、たった3人でトレーニングをしていた日々が嘘のように、俺を取り巻く環境は激変した。

その年の8月に、周作とともにアジアカップ2007の最終予選を戦う日本代表に選ばれた。

俺たちはトリニータ史上初のA代表選手となった。

「日本代表だろうが関係ない。俺はやれるんだ。ワールドカップに行くんだ」

9月6日に行われたイエメン戦でA代表デビューを果たし、プロ2年目でいきなりブレイクのときがやってきた。

続く10月、11月のAFC U－19選手権では、U－19日本代表の主軸としてプレーした。場所はインド。正直、かなり過酷な環境だったけど、俺は世界の切符をその手につかむことしか考えていなかった。周作が一つ上の代でU－20ワールドカップ（当時はワールドユース）に出ているのを観て、「俺も絶対に出たい」と強く思っていたからだった。

仲間にも恵まれていた。同じ大分のフク、モリゲもいたし、のちに浦和レッドダイヤモンズ（浦和レッズ）でチームメイトになる（柏木）陽介や槙野《まきの》（智章《ともあき》）もいて、内田篤人《あつと》、林彰洋《あきひろ》、田中亜土夢《あとむ》、ハーフナー・マイク、香川真司など錚々《そうそう》たるメンバーだった。

インドの劣悪な環境の中で、俺たちはグループリーグを突破し、勝てばU－20ワールドカップの出場が決まる準々決勝のサウジアラビア戦を迎えた。

「なにがなんでも勝つ！」

強い気持ちで臨んだ決戦は、まさに〝死闘〟となった。

お互い一歩も譲らない、攻守の切り替えが激しい一戦は、1－1のまま延長戦突入かと思われた90分。途中出場の青木孝太がゴール前の混戦からシュートを放った瞬間、すべてがスローモーションになった。ゆっくりとボールはゴール右サイドネットに吸い込まれていく。ボールがネットに突き刺さった瞬間、俺たちは喜びを爆発させた。

このゴールを全員で守りきり、タイムアップ。俺たちは全員の力を結集してU－20ワールドカップ・カナダ大会の出場権を手にした。

試合後、全員でウォーターファイトをして喜びを分かち合うと、「次はアジア王者だ！」と気持ちをさらに高め合った。

準決勝からは、試合会場がこれまでのインド南部の都市バンガロールから北東部のコルカタへ移った。バンガロールよりも環境は悪かったが、勢いに乗った俺たちは準決勝の韓国戦で、槙野が退場して一人欠く中で延長戦を戦い抜き、PK戦の末に勝利。決勝進出を果たした。

U－19日本代表として初優勝が懸かった決勝の相手は北朝鮮。この試合も一進一退の死闘となり、1－1のまま2試合連続の延長戦へ。それでも決着がつかず、勝負はPK戦となった。

俺は日本の一人目という重要な役割を任された。ゆっくりとボールをセットして助走から放ったボールは、相手GKに止められた。

俺はその場で泣き崩れ、起き上がることができなかった。フクやみんなが俺の頭をなでたり、抱きしめ慰めてくれた。その優しさがまた涙を溢れさせた。

「俺のせいでアジア王者になれなかった。この悔しさは絶対に世界で返す……」

心にそう誓って、俺はインドをあとにした。

帰国してからは、インドの悔しさを晴らすべく、そして世界に向けて俺はトリニータで再び躍動を始めた。

いま思うとすべてが順調だった。自分の未来像が見えてきて、本当に怖いもの知らずだった。

初の海外挑戦とU－20ワールドカップ

２００７年1月26日。俺はフランスリーグ２部のグルノーブルに期限付き移籍を発表した。プロに入ったときから、俺はずっと「世界」を視野に入れていた。

毎日のようにしたためていたサッカーノートには、「日本人初のバロンドールを獲る」と書き込んである。本気だった。

だから、グルノーブルへの移籍の話を代理人から聞いたとき、「このチャンスを逃したくない」と本気で思い、即決した。そして、すぐに母にこのことを連絡すると、母は優しい声でこう言ってくれた。

「私はどんなときも、司のいちばんのサポーターだよ。司が決めたならチャレンジしてきなさい」

グルノーブルに旅立つ日。寮から大分空港まで母が運転する車で向かい、そのまま見送ってもらった。

いつもと変わらない笑顔を見せてくれる母に、俺は前日にしたためておいた感謝の手紙を手渡した。

多くの報道陣が周りにはいたけど、手紙を受け取って涙する母を俺はその場で抱きしめた。

「おかん、いつも俺のやりたいことをやらせてくれてありがとう。プロになって、これからは険しい道だし、苦しいときもあると思うけど、なにかあったら助けてね。もちろん、俺もおかんや渉を支えるから」

そう伝えて、俺はフランスに旅立った。

あっという間に終わってしまった海外挑戦

俺にとって初めての海外挑戦は苦難の連続だった。

初めての一人暮らしが海外。短期間で結果を出さないと次の契約ができないという状況。フランス2部リーグのピッチコンディションは日本では考えられないほど悪く、足を取られることもしばしばだった。しかも、周りには自分より一回りも二回りも大きい屈強な選手ばかり。プレースピードがすさまじく、球際の激しさも日本とは比べものにならない。俊敏性が日本人のストロングポイントといわれるけど、全然そんなことは感じなかった。さらに、言葉の壁もあり、公私両面で苦労を強いられた。

毎日が戸惑う日々。練習で疲れ果てて帰っても、身の回りのことはすべて一人でやらないといけない。本当に辛い時期だった。

結果はリーグ戦に5試合出場。その中で、当時チームメイトだったオリヴィエ・ジルー(現・ACミラン、フランス代表)にアシストもマークした。スタメンで出た試合では調子がよくて、途中交代をしたときにスタンドのサポーターから大きな温かい拍手をもらった。

でも、すべて最初の3カ月の出来事で、ベンチ入りメンバーから外れると、そこから1カ月以上トップチームに絡めないまま、5部リーグに所属するセカンドチームでのプレーが増えていった。この状況では当然のように契約延長の話はやってこず、5カ月足らずで契約満了となってしまった。

「司、どうする?」

代理人からそう言われたとき、ヨーロッパに残る選択肢もあった。でも、すぐにカナダでのU－20ワールドカップが控えていたし、古巣のトリニータから、「ぜひ戻ってきてほしい。お前の力が必要だ」というありがたい話をいただいていた。

「どの決断が自分にとってベストなのか……」

かなり悩んだが、トリニータは俺のプロとしての道、そして、プロとしての土台を作ってくれたクラブ。その恩返しをしたいという強い思いもあり、トリニータへの復帰を決断した。

その日の夜、俺はすぐに母へ国際電話をかけた。

「ごめん……、おかん。俺、大分に帰ることになった。あんなに憧れていた海外でのプレーがこんな中途半端になってしまってごめん……」

そう伝えると、いつもの柔らかい口調が返ってきた。

「帰ってこられるならいいじゃない。大分でもう一度頑張ろう。大丈夫だよ、司なら。やりたいようにやればいいんだよ」

母は、いつどんなときも変わらなかった。

フランスではたった5カ月足らずだったけど、貴重な経験を積むことができた。もちろん、帰国が決まったときは、挑戦に敗れたという思いが強かった。だけど、U－20ワールドカップという目標が目の前にあったからこそ、気持ちはすぐに切り替わって、そのための準備をしようと思えた。

帰国し、チームに合流すると、多くの仲間が温かく迎え入れてくれた。

J1リーグ第14節のホーム・鹿島アントラーズ戦。俺は復帰後初のベンチ入りを果たした。0－1で迎えた66分に山崎雅人《まさひと》さんに代わって投入されると、トリニータサポーターから大きな拍手をもらった。

試合は投入直後に同点に追いつき、その後、両チームともにゴールを決めて、2－2のドロー。ゴールには絡めなかったが、プレー自体は悪くなかった。

試合後、サポーターに挨拶に行くと、再び大きな拍手と、「梅崎！　おかえり！」「帰りを待っていたぞ！」「トリニータを頼んだぞ！」など、温かい言葉をたくさんかけてもらえた。

「こんなに歓迎してもらえるなんて、俺は本当に幸せ者だ」

トリニータのタオルマフラーやTシャツ、花束などを受け取り、場内一周を終えた俺は、大分という土地、トリニータというチームに対して、感謝の気持ちで溢れた。

復帰2戦目となったJ1リーグ第15節のアウェー・ヴィッセル神戸戦。俺はスタメンに名を連ねると、復帰後初ゴールを決め、３－１の勝利に貢献することができた。

調子を上げた状態で、俺はカナダへと出発した。U－20ワールドカップでは主軸としてプレーし、ベスト16まで勝ち上がることができた。

カナダでの時間はすべてが充実していた。ずっと目標にしてきた大会にレギュラーとして出場することができた。開催地となったカナダ・ヴィクトリアの街の雰囲気、現地の人たちも本当に優しかった。

グループリーグではスコットランド、コスタリカ、ナイジェリアを相手に2勝1分けの1位通過。毎得点、毎試合後にやっていたチームパフォーマンスはカナダでも日本でも話題になり、俺たちの注目度はすさまじかった。チームもAFC U－19選手権同様に試合をこなすごとに成長し、団結力が高まった。

最高の仲間と、最高のサッカーをする日々。本当に楽しくて仕方がなかった。

それだけにラウンド16でチェコと延長戦を戦い、PK戦の末に敗れたのはものすごくショックだった。

もっとこのチームでプレーしたかったし、アルゼンチンやスペイン、ブラジルといった強豪国とガチンコで戦いたかった。それに、これで解散という現実が悲しくて仕方がなかった。

ただ、これだけは言える。カナダでの日々はすべて俺の成長につながったということ。

カナダから帰国してからも、調子を維持した俺は、この年リーグ19試合に出場し、2ゴールをマーク。チームも目標だったJ1残留を果たした。さらに、俺はU－22日本代表として北京オリンピックのアジア予選にも出場した。

ビッグクラブでの挑戦

手応えをつかんだプロ3年目のシーズンを終えたころ、俺のところに大きな話が舞い込んできた。浦和レッズからのオファーだった。

レッズは2007年にAFCチャンピオンズリーグを制し、アジア王者になっていた。そのアジアナンバーワンのクラブから正式なオファーがきている。

「この俺にレッズから話がくるなんて……」

光栄なことだし、素直に嬉しかった。フランスでは夢破れて帰ってきたが、それですべてが終わったわけではなく、その悔しさをバネによりステップアップしたいという気持ちは強く持っていた。

そのタイミングでの今回のオファー。トリニータへの愛着もあったが、移籍金をちゃんと残せることもあり、心は決まった。

「浦和へ行って、チャレンジする」

当然、当時のレッズは選手層が厚く、レギュラーが確約されているわけではない。まして自分は一度、フランスへの移籍を通じて負けを味わっている。不安はあった。しかし、それ以上に、「もう一度チャレンジしたい」という気持ちが強かった。

「ポンテからポジションを奪えば……。田中達也さんからポジションを奪えば……。必ず代表も、海外再挑戦も見えてくる。それにビッグクラブに行けば給料は上がり、おかんや渉により楽をさせてあげられるはず」

そう思った俺は、人生二度目の移籍を決意した。

第5章

落選と怪我

浦和レッズ加入～東日本大震災

浦和での日々がスタート

2008年。レッズでの新シーズンを迎えた俺は、気力がみなぎり厳しい競争も楽しみながらプレーすることができていた。

レッズで与えられた番号は、大分時代に周作から引き継いで1年間背負った21番。加入時にちょうど21番を背負っていたワシントンが移籍するという話を聞いて、「21番が空くならぜひくださ い」と直談判した番号だった。

思い入れのある背番号でスタートした。加入直後にホルガー・オジェック監督が電撃解任され、ゲルト・エンゲルス監督が就任。

いきなりの監督交代だったが、俺はエンゲルス監督に起用してもらい、攻撃的なポジションで伸び伸びとプレーすることができた。「レッズでもやれるぞ!」という確かな手応えをつかめていた。

J1リーグ第5節のアウェー・ジュビロ磐田戦。この試合で俺はレッズに入って初スタメン出場を果たした。

エコパスタジアムにはアウェーにもかかわらず、多くのレッズサポーターが駆けつけてくれた。そこで初めて俺のチャント（応援歌）を歌ってくれたのだ。レッズサポーターが作ってくれた自分のチャント。全身に震えが走り、一発でレッズサポーターと自分のチャントが大好きになった。

順調に始まったレッズでの日々。しかし、7月に起こったある出来事をきっかけに、俺のサッカー人生は歯車が狂い始めていった――。

それは、北京オリンピックに出場するU－23日本代表の最終メンバーから落選したことだった。

俺は直前まで、「一度も海外に行ったことがないおかんを絶対に北京に連れていく」と意気込んでいた。オリンピックの舞台で活躍して世界に再び羽ばたいていけるようなサッカー人生を思い描いていた。

5月のトゥーロン国際ユースのメンバーに選ばれ、親善試合のカメルーン代表戦にも出場し、北京オリンピックメンバー発表前の最終合宿にも参加した。選ばれる手応えはあった。

メンバー発表の日、俺は午前の練習が終わると、そわそわしながら家に帰り、リビングのソファで連絡を待った。

しばらくすると、電話が鳴った。レッズの強化部の人からだった。

「はい、もしもし」

俺はドキドキしながら電話に出ると、「……梅崎、いま大丈夫か?」と沈んだ声が聞こえた。

この瞬間、俺は電話の内容を悟った。

「今回は残念ながら登録メンバーには選ばれず、バックアップメンバーになった」

その言葉を耳にした瞬間、俺は頭の中が真っ白になった。

俺はソファに深く座ったまま、電源の入っていないテレビ画面をただひたすら見つめていた。

気がつけば日も暮れ、家の中は暗くなっていた。それでも俺は電気をつけることもなく、ただ呆然と座ったままだった。

そして、真っ暗になった部屋で、「おかんに知らせないと……」と、無気力なまま電話を手に取り、諫早にいる母に電話をした。

すぐに母は電話に出た。

「おかん……俺、落選したわ。ごめんね……」

すると母は、いつもと変わらない優しい声でこう返してきた。

「司、大丈夫だよ。ものすごく頑張ったじゃない。あんたの頑張りは、お母さんいつも見てるよ。いまはすごく悔しいかもしれないけど、お母さんはいつもどんな状況でも司を応援しているよ」

この言葉を耳にした瞬間、体が震え、涙が込み上げてきた。でも、そこは母を心配させないようグッと堪え、「……わかった。ありがとう」と答えて電話を切った。

携帯をテーブルに置いた瞬間、我慢していた涙が一気にこぼれ落ち、止まらなくなった。母の優しさと、そんな母をオリンピックに連れていってあげることができなかった悔しさ、ふがいなさが一気に込み上げてきた。その日、俺はソファから動くことができなかった。

この日を境に、自分のサッカー人生が下り坂になっていくのを感じた。

レッズではポンテが怪我から復帰し、徐々に自分の出番がなくなっていった。オリンピックのメンバーに落ちたショックからなかなか抜け出せず、さらにレッズでの出番が減っていったことで自分の勢いが失われていくのがわかった。

レッズで最初の壁にぶち当たっていたそんなとき、高校3年になり大学受験を控えていた渉から電話がかかってきた。

「お兄ちゃん、俺、関東の大学に行きたい」

その言葉を聞いて、俺はある決断を下した。

「わかった。散々俺は好き勝手に生きてきたし、お前におかんを任せっぱなしで悪かったな。お前の人生だ、大学は行きたいところに行って、やりたいことやりな。学費の心配はするな。俺が全部面倒見るから」

渉は受験勉強を頑張り、年明けの3月1日に群馬県にある公立の大学に合格した。

ついに3人が一つ屋根の下に集う

渉が関東にやってくる。そうなると、必然的に諫早で母が一人になってしまう。そう思った俺は、母に提案した。

「おかん、渉と一緒に埼玉に出ておいで。一緒に住もうよ」

すると母は、「渉もそっちに行くし……。わかった、私も行く」と決断してくれた。

でも、母はずっと諫早で生きてきた人。いきなり遠い埼玉にやってきてちゃんと生活ができるのか、母自身も不安がっていた。

「大丈夫。俺がちゃんと渉とおかんを守るから。安心して出てきて」

今度は俺が二人の面倒をちゃんと見る番。不安を取り除くのも俺の仕事。そう思って3人で暮らすマンションを探していた矢先、俺のプロ生活で最初の怪我が襲いかかった。

シーズン開幕直前にぎっくり腰に見舞われた。一週間程度で復帰したが、2次キャンプで再発。その後は復帰と離脱を繰り返しながら、キャンプを終えた。しかし、どんどん痛みがひどくなっていき、立っていても、座っていても、寝ていても痛みが引かない状態が1カ月も続いた。

重度の椎間板ヘルニアだった。俺は腰の手術に踏み切った。

この年、レッズの監督に、ゲルト・エンゲルスに代わってフォルカー・フィンケが就任し、新たなスタートを切った。

監督が変わり、背番号も21番からずっと好きだった7番を与えられたことで、俺も心機一転して臨めると思った。

「レッズの7番として恥じないよう、今年は絶対に巻き返す」

そう強く思っていた矢先に起こった大きなつまずきであった。

腰痛発症から手術までのあいだに、3人で住む家を浦和にある3LDKのマンションに決めた。しかし、肝心の引っ越しをする前に、俺は医者から「手術をするので、ご家族にきてもらってください」と告げられた。まだ荷造りが終わっていない母を、急遽、埼玉に呼ぶことになった。母は諫早から車で埼玉にやってきた。そして、俺の手術に立ち会ってくれて、そのまま埼玉に住むようになった。

まさにドタバタ劇の移住だった。まったく落ち着かない状況で、俺と母、渉の浦和での3人暮らしがスタートした。同時に俺は、復帰に向けたリハビリを始めた。

家族3人が一緒に一つ屋根の下で過ごすのは、俺が中学3年以来の8年ぶり。そのときは父もいたし、夜逃げをしてからは母の実家で祖父母がいた。だから家族3人だけで暮らすのは、初めてのことであった。

俺と母の関係はこれまで通り変わらなかったが、渉とはどう接していいかわからなかった。

俺は、渉が思春期のときには離れて暮らしていた。あいつが小学5年のときに俺は大分に行き、そこからあまりじっくりと会うことはなかった。それが18歳の大学1年になって目の前にいる。渉もちょっとよそよそしさがあった。

母はいきなり見ず知らずの慣れない土地に来て、ちょっと戸惑っていた。

俺が二人を支えなければいけなかったけど、人生初めての大怪我でそれどころじゃなかった。

「早く復帰しないとチームに居場所がなくなる」という気持ちのほうが強く、自分のことだけで精一杯だった。

せっかく埼玉でともに暮らし始めたのに、家族はまったく一つになっていなかった。

公私両面で難しい時間を過ごしたが、なんとか俺はこの年の8月にプレーできる状態にまで回復した。8月15日のJ1リーグ第21節のアウェー・ガンバ大阪戦では途中出場を果たすと、そこから交代出場ながら、コンスタントに出番を重ね、9月19日の第26節のアウェー・川崎フロンターレ戦でスタメンに復帰。尻上がりに調子がよくなっていった。

再び輝きを取り戻しつつあったそんなさなか、またしても悪夢が待ち受けていた。

二度目の悪夢、わずか3カ月で靭帯断裂

11月17日。

俺はさいたま市大原サッカー場でいつも通り練習していると、右足を踏ん張った瞬間、「ボキッ!!」という音が鳴り響いた。

俺はそのままピッチの上に倒れ込み、動けなかった。

「……マジかよ。絶対にただごとじゃないな……」

周りには選手、スタッフが集まり、心配そうな顔でこっちを見ている。ドクターが俺の右膝を触るが、その表情はみるみる険しくなっていくのがわかった。

「これは（靭帯《じんたい》が）切れているな……」

こうつぶやいたドクターに、俺は「マジかよ……」と言葉を吐き、そのまま天を仰いだ。

ドクターに支えられながら、クラブハウスに戻った。

「ウメ、これから病院に行くから、シャワーを浴びて着替えてきて」

そう言われ、俺は無言のまま誰もいないシャワールームに向かった。

うつむいたまま、俺はシャワーを頭から浴びた。

「ドン！　ドン!!」

気がつくと、俺は壁を叩いていた。

「なんでなんだよ……なんで俺ばかり、こんな目に遭わなきゃいけねぇんだよ！　ほかに頑張っていない奴だっているじゃん！　なんで……なんでなんだよ!!」

涙が止まらなかった。誰もいない暗いシャワールームに、俺が壁を叩く音と泣きじゃくる声だけがむなしく響き渡っていた。

呆然としたまま、俺はドクターの車で病院に向かった。その車内で俺は母に電話をした。

「……ごめん、たぶん俺、靱帯切れた。これから病院に行く……」

これ以上の言葉は出てこず、俺はすぐに電話を切った。

病院でMRI検査を行った結果、診察室で医者にこう告げられた。

「右膝の前十字靱帯損傷です。全治は6カ月程度を要します」

覚悟はしていたが、目の前が真っ暗になった。腰の怪我からやっと復帰できたと思ったら、わずか3カ月足らずで再び大怪我。これまで積み重ねてきたいろいろなものが崩れていく音が聞こえてくるようだった。

そこからまた辛いリハビリの日々が続いた。同時に、俺の中で「ある変化」があった。

「家に帰りたくないな……」

そう思うようになっていったのだ。

これまで離ればなれだった３人が、ついに「梅崎家」として一つ屋根の下で新たな生活をスタートさせた。家に帰れば母もいるし、弟もいる。ご飯や洗濯、掃除など身の回りのことはすべて母がやってくれている。なによりそこには父の暴力がない。

考えてみれば、俺が小さいころからずっと追い求めた家族の姿だった。しかし、そんな家に、俺は帰りたいと思えなくなった。

「今日は帰らない」

そう母に告げて、友人と食事に行くことが増えた。家に帰っても、誰とも話さずに部屋にこもってばかりだった。

はっきり言って、俺は自暴自棄《じぼうじき》になっていた。

ますます荒《すさ》んでいく心。もちろんリハビリには真剣に向き合って、早期の復帰に向けて全力を尽くしていた。でも、リハビリが終わって、家に帰ってもなにも面白くない。そこに家族がいることにイラっとしてしまうことすらあった。

「ちょっと、俺に話しかけんといて」

あるとき家に帰ると、俺は母にこう突き放すように言った。すると母はその場で泣き出してしまった。

「ふん、じゃあもう長崎に帰れよ!!」

追い討ちをかけるひどい言葉だった。でも、俺は、その言葉を迷いなく発してしまった。これまで誰よりも俺のことを大切にしてくれた母に対して……。

俺は苛立ちとストレスのはけ口を、いつのまにか家族に向けてしまっていた。

いま思うと、これは遅れてやってきた俺の〝反抗期〟だったのかもしれない。

俺は思春期のとき、母にも父にも反抗できなかった。反発したい気持ちを自分で無理やり抑え込みながら、日々を過ごしていた。それが募り募って、さらに怪我で思うようにプレーできない歯がゆさも加わり、一気に吹き出してしまったのだった。

「このままでは絶対によくない」と思っていた。

だからこそ、家族のあいだに漂い始めた暗い空気を変えるべく、1年足らずでマンションから引っ越すことを決めた。すぐに同じ市内にある2階建ての借家の一軒家を借りて3人で移り住んだ。

しかし、状況は変わらなかった。それどころか、年が明けての2010年にはさらなる悪夢が待ち受けていた。

6月、復帰のときが近づいてきた。ちょうど南アフリカワールドカップの開催期間だった。チームの練習に合流し、リーグ中断期間を利用したオーストリアキャンプにも帯同した。練習試合にも出場できるほどコンディションも上向いていった。

本田圭佑や岡崎慎司といった同級生が南アフリカワールドカップで活躍したことも、かなりの刺激になっていた。

「絶対に負けたくない。追いついてやる」

コンディションとともに、俺の気持ちも高まっていった。

しかし、リーグ再開を控えた8月1日。大原サッカー場での国際武道大学との練習試合で、また俺は負傷してしまった。右足でターンしようとした瞬間、右膝から「ゴリッ!!」という音がした。

「うっ……」

一瞬にして悪夢がよみがえった。膝に力が入らなくなり、その場で動けなくなった。

「あ、またやったわ。……もうダメかな」

その瞬間、初めて「引退」という言葉が頭をよぎった。ショックというより、「やっちゃったな」というか、もう感覚が麻痺していた。

ちょうど9カ月前とまったく同じ光景で、みんなが俺のところに集まってきて、心配そうに覗き込んでいたが、俺は驚くくらい冷静だった。いや、冷静というより感情が一切湧いてこなかった。

幸い、靭帯は切れていなかった。診断結果は右膝半月板《はんげつばん》損傷だった。全治まで2カ月。すぐに半月板の部分切除手術を受けて、リハビリに入った。

もし切れていたら、本気で引退を選択していたかもしれない。長期離脱を避けられたからこそ、なんとか引退を思いとどまることができた。

2カ月で復帰できる。本来ならば前向きにサッカーに打ち込むべきだった。しかし、一度空っぽになった心はなかなか埋まっていかなかった。

母に対する暴言は、収まるどころかエスカレートしていった。

あるとき、母に対して「邪魔なんだよ！」と暴言を吐いてしまった。すると母は泣きながら家を飛び出していった。それを俺は止めなかった。

その日の夜、母が家に戻ってきてからも、俺は会話を拒絶した。

リビングでテレビを見ているとき、母に「司」と呼ばれても、そっちに目を向けることなく、無表情のままテレビを見続けた。完全に母を「無視」していた。母が隣に座ると、無言のまま席を立ち、部屋へ戻った。

同じ屋根の下で住んでいる意味はまったくなくなっていた——。

サッカーのほうもまったくうまくいかなかった。2カ月後、怪我から復帰を果たしたが、一向にトップフォームを取り戻せなかった。

復帰直後のＪ１第25節のアウェー・大宮アルディージャ戦で、約10カ月ぶりの公式戦ベンチ入りを果たし、第27節のアウェー・ジュビロ磐田戦に13分間、第28節のホーム・モンテディオ山形戦で４分間出場した以外は、試合にまったく絡めなかった。

怪我は治っているはずなのに、かすかながらに「全力でやって、また怪我をしたらどうしよう」という不安があった。

公私ともにすべてがうまくいかない。不安と恐れ、そして焦りに完全に支配されていた。そこにはずっと俺を支え続けていたギラギラした気持ちはほとんどなかった。

「もうこのまま俺のサッカー人生終わっちゃうのかな。みんなもう俺のことを忘れてしまうのかな……」

苛立ちが募り、母に当たってしまう……。気がつくと、俺はあれほど毛嫌いしていた父と変わらないことをしていた。もちろん絶対に手を上げたりはしないが、自分から浦和に呼んだくせに、恩返しをするどころか、母を傷つける最低の行動をとってしまっていた。

ついには、「この生活自体がよくないいんじゃないか」と、うまくいかない責任を家族に向けてしまった。なにかを変えないと、このままでは俺は怪我ばかりの選手で終わってしまう。そんな終わり方は絶対にしたくない。その思いが、「おかんに飯や洗濯とかを任せていて、自立できていないことが問題なんじゃないか」という間違った方向に向いてしまった。

「もうこの家を出よう」

俺はそう本気で考えるようになり、物件を探しにも行くようになった。ウガ（宇賀神友弥《うがじんともや》）と二人で不動産屋に行ったとき、1軒だけ理想通りの物件があった。二人ともそこが気に入ったので、くじ引きでどっちが住むか決めたが、結果は俺の負け。ウガがそこに住むことになった。

俺はまた一から物件を探さなければいけなくなった。「どうして俺はいつも外れくじを引いてしまうんだ……」と、不機嫌のまま家に帰ると、母がご飯を作って待っていてくれていた。それにもかかわらず、俺はきつい口調でこう言った。

「おかん、もう俺の洗濯はしなくていい！　飯も作らなくていい！　自分でやるし、もう余計なことをすんな！」

そう一方的に言い放ったあと、俺は2カ月くらいのあいだ、自分で炊事洗濯をしていた。だが、当然、それも徐々にうまくいかなくなっていき、より焦りや苛立ちを募らせた。

「こんなんじゃダメだ。こんなんじゃ、俺はプロの世界で生き残れなくなってしまう。このまま消えていってしまうんだ……」

そこには家族どうこうなど、一切頭になかった。必死すぎて、自分のことしか考える余裕がなく、さらに深みにはまっていく……。俺は負のスパイラルにどっぷりと陥ってしまった。

第6章

笑顔と涙

東日本大震災〜左膝前十字靱帯損傷

人生観を変えた大震災

年が明けて新シーズン開幕前のキャンプが始まっても、俺は昨シーズンの状況を引きずり続け、なかなかコンディションが上がらず、メンタルもあまりいい状態ではなかった。

２０１１年３月６日、シーズンの開幕戦であるアウェー・ヴィッセル神戸戦。俺はベンチにも入れなかった。

浮上のきっかけをつかめないでいた俺は、３月11日を迎えた。

その日、俺は大原サッカー場にいた。ホームでのガンバ大阪戦を２日後に控えたチームは、午前練習で紅白戦を行った。

その３本目に、俺はこの年齢になって初めてスタメン組でプレーすることになった。

本来ならば、死に物狂いになってチャンスをつかみとらなくてはならないはずが……。このときの俺にはそんな気力はなく、まったくなにもできなかった。すべてが空回りして、ミスを連発。

「俺はいったいなにをやっているんだ……」

自分に絶望感を抱いた。サッカー人生に終わりが近づいているように感じた。

午前練習が終わると、ガンバ戦のメンバーが発表された。当然、そこに俺の名前は入っていなかった。

メンバーになった選手は午前練習のみで帰宅し、メンバー外となった選手には午後練習が課せられた。

「情けない。俺はこのまま本当に消えていってしまうのか……」

打ちひしがれながら、午後練習開始の時間まで、俺はクラブハウス内にこもっていた。

あれこれ考えを巡らせているうちに、時間は過ぎた。そろそろ15時からの午後練習の準備をしようとしたその瞬間だった。

〝ドーーーン!!〟

下から突き上げるような衝撃が走った。次の瞬間、いままでに経験したことがない激しい揺れが襲いかかった。

「みんな、外に出ろ!!」

スタッフの声が飛ぶ。俺も慌てて外に飛び出した。

いったいなにが起こっているのかわけがわからなくなるほどの大きな地震だった。しばらくして揺れが収まったので、俺たちはそのまま午後の練習を開始した。

練習を終えると、スタッフが走り寄ってきた。

「いま、日本はとんでもないことになっている」

最初はなんのことだかよく理解できなかった。着替え終え、車で家に帰る途中にラジオを聞いて、徐々になにが起こったのかが把握できていった。

「東北地方が特にひどい状況になっている……」

家に着いて慌ててテレビをつけると、そこには街全体が大津波に飲み込まれる映像が……。

一瞬、なにかのドラマか映画かと目を疑った。しかし、これは現実に日本で起こったことだった。ちょうどこのとき、母と渉は亡くなった祖父の四十九日で諫早に帰っていた。俺は家で一人、涙を流しながらテレビに映る衝撃の光景を見つめていた。

次の日、Jリーグの中断が発表された。

毎日のようにテレビや新聞を見ては、被害の甚大さを痛感していく日々。福島第一原子力発電所の事故も発覚し、より深刻な状況になっていくのがいたたまれなかった。

そんな中で、大きな心境の変化が生まれた。

震災により多くの人びとの将来が奪われた。家族、家、大事なものをすべて失ってしまった人びともいる。想像が及ばないほどの辛い思いをしている人びとがたくさんいる。

一方で、俺は怪我から復帰し、サッカーをやれている。怪我のときも必死にサポートしてくれる人たち、復帰を待ってくれる人たちがいる。クラブもこんな俺をクビにせずに、サッカーをする場所と機会を与えてくれている。

地震の被災者の人たちを思えば、俺がいま抱えている苦しみなんてほんのちっぽけなことだと心の底から感じた。

「俺は生きているじゃないか。こんな大災害が起こった中で、普通に生活できているし、なにより好きなサッカーをやれているじゃないか……」

恵まれた環境にいる自分が、こんな情けない姿でいてはいけない。

この瞬間、俺はプロとして人間として、いちばん大切なことを思い出すことができた。

「いま、俺が生きていることに、怪我なく大好きなサッカーをやれていることに、心から感謝をしよう」

俺は大好きなサッカーを、多くの方々からのサポートを受けて続けさせてもらっている。それなのに、感謝するどころか不平不満をタラタラと吐き出して、挙げ句の果てにはいちばんのよき理解者であり、支えてくれる人に無慈悲な態度を取り続け、苛立ちの矛先を向けてしまっている。

「自分はなんて最低で、ちっぽけな人間だったんだ」

自分の愚かさに気づき、胸が張り裂けそうになった。いまからでもまだ間に合う。俺は心を入れ替え、常に感謝の気持ちを持ち続けることを誓った。

常に感謝の気持ちをもつことの大切さ

その日をきっかけに、俺はプライドをすべて捨てて、初心に戻ることができた。再びサッカーを心の底から楽しめるようになった。

同時に家族との絆《きずな》も取り戻し、さらに深まっていった。母とは以前のようになんでも相談できるようになったし、渉ともいつしかよそよそしさがとれ、オフのときは二人で食事に行くようになった。

4月23日、震災からの中断期間が終わり、リーグがスタートした。最初の4試合はベンチに入ることができなかったが、俺は純粋にサッカーが楽しくて仕方がなく、プレーのキレもどんどん増している手応えをつかめていた。

J1リーグ第11節のホーム・セレッソ大阪戦でこのシーズン初のベンチ入りを果たした。そこからしばらくベンチ外となったが、第15節のアウェー・サンフレッチェ広島戦で再びベンチ入りし、後半アディショナルタイムだったが、シーズン初出場を果たした。

それからもベンチ入りとベンチ外を繰り返すが、俺のメンタルは一切ぶれなかった。なぜならば間違いなく調子が上がってきていて、いつ出番がきてもやれる確信があったからだった。

9月28日のナビスコカップのアウェー・大宮アルディージャ戦。

久しぶりの先発で満足のいくプレーができたとは言えなかったが、フル出場を果たし、思い切りプレーできる喜びを感じた。チームも2－1で勝利。準々決勝進出を決めた。

その1週間後のナビスコカップ準々決勝のアウェー・セレッソ大阪戦でもスタメンで出場した俺は、後半に決勝点をアシスト。90分間のプレーにも慣れ、結果もついてくるようになって、さらに調子を上げていった。

そして、10月9日のナビスコカップ準決勝のホーム・ガンバ大阪戦。このシーズン三度目、ナビスコカップでは3試合連続のスタメン出場を果たした。

この試合、埼玉スタジアムのスタンドには母と渉も観にきていた。

「なんか、今日はゴールを決められそうな気がする」

手応えがあった。左サイドハーフのポジションでプレーし、ファーストタッチからものすごく感触がよく、周りもはっきりと見えていた。

0－0で迎えた21分、マルシオ・リシャルデスからランコ・デスポトビッチにボールが渡ると、俺はゴール前に目をやり、スペースを見つけ出した。デスポトビッチからエクスデロ・セルヒオ（2014年より、エスクデロ競飛王）に渡った瞬間、セルのシュートのこぼれ球を詰める動きに切り替えた。

するとセルのシュートをＧＫが弾き、ボールが俺の目の前に転がってきた。無我夢中で押し込んだ。その瞬間、埼玉スタジアムのボルテージが一気に上がっていくのを肌で感じた。

美しい景色だった。レッズサポーターの歓喜がダイレクトで全身に伝わってきた。

「ああ、俺はこの素晴らしいピッチにようやく戻ってこれたんだ……」

心の底から喜びと、サッカーの楽しさを感じた。

その後も、全力プレーで90分間走り続けた。そして、２－１のリードのままタイムアップ。ホイッスルが鳴り響いた瞬間、表現できない充実感と感動に包まれ、思わず涙がこぼれた。

「おかんにも、渉にも、最高のプレーを見せることができた。やっぱりここが俺の居場所だ」

同時に、ようやくこのレッズで自分が役に立てたと心から思えた。これまで怪我を繰り返して、散々迷惑をかけてきたチームメイト、スタッフ、そしてサポーターにようやく心からの笑顔を見せることができた。

周りへの感謝の気持ちしかなかった。

ここから俺は、リーグ戦でもいいパフォーマンスを見せられるようになった。続くＪ１リーグ第29節のホーム・大宮アルディージャ戦でスタメン出場。その直後にゼリコ・ペトロビッチ監督が解任され、堀孝史さんが監督に就任した。突然の交代劇だったが、俺は第30節のアウェー・横浜F・マリノス戦に2試合連続先発出場を果たした。

しかも、F・マリノスとの試合は勝てばJ1残留に大きく前進し、負ければいよいよ降格圏に突入してしまうという重要な一戦だった。開始早々の4分に大黒将志さんにゴールを決められ、いきなりの1点ビハインドを負う展開となった。しかし、俺はまったく動揺しなかった。

「俺がチームを救う」

それだけを考えていた。「勝てなかったらどうしよう」といった焦りはまったくなかった。「もっとボールをくれ」と、本当にギラギラしていたし、心からサッカーを楽しめていた。

50分に（原口）元気が同点ゴールを決めて1－1にすると、61分にチャンスが回ってきた。敵陣でFK（フリーキック）を得ると、（柏木）陽介がすぐにリスタートさせ、それにいち早く反応した俺は、右サイドでボールを受けた。

完全にゾーンに入っていた。向かってくるDF（ディフェンダー）の動きがスローモーションに見え、高速シザーズで揺さぶって中にカットインし、シュートを放った。すると、ゴールまでの一直線の光が見えた。その光にGKが必死に手を伸ばすが、それも届かず、ボールはゴールネットに突き刺さった。

ゴールの瞬間、俺は夢中になってベンチに走り出していた。ベンチの仲間たちと抱き合うと、たちまち歓喜の輪ができた。

その後、チームは俺のゴールを守り抜いて、2－1の勝利。J1残留へ大きく前進した。ようやく見せたいプレー、やりたい形ができるようになってきた。

これで勢いに乗った俺は、ここからシーズン最後までレギュラーを譲らなかった。

このシーズン、俺は家族を埼玉に連れてきて初めて、小学校、中学校、高校、そしてトリニータ時代のような躍動感溢れるプレーを見せることができた。

充実のシーズン、そこで出会った人生の伴侶

2012年、迎えた浦和レッズ5年目のシーズン。

俺はレッズ移籍後初となる開幕スタメンを勝ち取った。

怪我も完治し、調子もうなぎ上りだった。左ウィングバックという新たな〝定位置〟をつかみとって、ハードワークと思い切りのいい仕掛けを存分に発揮した。

左ウィングバックを主戦場としながらも、チーム状況に応じては2シャドーの一角をこなし、充実のシーズンを送った。キャリアハイの数字であるリーグ戦33試合スタメン出場、7ゴールを挙げてチームのACL（AFCチャンピオンズリーグ）出場権獲得に大きく貢献できた。

そして、この年の12月19日。俺は妻と入籍した。

妻とは前年に知り合い、つきあい始めた。

「俺はこの人と結婚するんだろうな」

直感があった。この人となら、一緒に人生を歩んでいけると思った。

ここからは、母と弟だけでなく、妻に対しても責任を持って家庭を築かないといけない。

正直、最初は緊張したけれど、自分が幼少期に感じたことを活かしたいと常に思っていた。

俺が求めていたのは、温かい家庭。当然、そこには暴力がなく、お互いを支え合い、みんなで食卓を囲み、笑い声が絶えない、ほんわかした温かい空間が常にある家庭だった。

中学生のころにたった一度だけ経験した、父と漫画を読みながらリビングで寝転がっていた柔らかい空間を、俺はずっと追い求めていた。

怪我を繰り返した時期に、父のようになりかけたこともあった。その大きな間違いに気づけたことも、自分にとってはものすごくプラスだった。もしあの時期を経験していなかったら、俺は家族に対して口だけの存在になっていたかもしれない。

すべての経験が俺を強くしてくれていた。

「俺は親父のようには絶対にならない」

それが梅崎家の大黒柱としての信念だった。

長年の夢、「母に家を買う」を有言実行へ

2013年を迎え、開幕前のキャンプに参加しているときだった。

妻から電話があり、赤ちゃんができたことを知らされた。

「ついに俺も父親になるんだ……」

心の底から喜びが込み上げてきた。これまで以上にサッカーに打ち込んで、頑張らないといけない。俺はさらにモチベーションを高め、覚悟を決めた。

父親としての自覚が芽生え始めてきたとき、家で妻と何気ない会話をしていた。

すると、将来についての話になり、妻がこう切り出した。

「ねえ、家、どうしようか？」

今年中に赤ちゃんが生まれてくる。マンションで二人で生活をしていた俺たちは、たしかに住むところを考え直さないといけなかった。

「そういえば、そろそろ考えないといけないね」

妻と二人で、今後の住まいをどうするかを話し合った。

そのとき、ふと頭の中に小学校の卒業文集が浮かんだ。

「もちろん自分たちの家も欲しいけど……。あの夢を叶えたいな……」

そう思った俺は、反対されるのを覚悟で妻に打ち明けた。

「ごめん、自分の家を建てる前に、おかんに家をプレゼントしたいんだ」

すると、妻は笑顔でこう答えてくれた。

「うん、いいよ」

妻は誰よりも俺の理解者だった。ずっと抱き続けていたこの思いを、二つ返事で認めてくれた。

「おかん、家を買おう。そこに住んでよ」

夫婦で決めたことを母に伝えると、母は驚いた表情を見せた。

「自分たちの家は？　そっちのほうが大事でしょ」

そう言ってくると思っていた俺は、すぐにこう答えた。

「大丈夫。これは俺の夢だったから。自分が買った家におかんと渉が住む。それは実現させてよ」

母は本当に喜んでくれた。その笑顔を見ただけで、俺はすごく嬉しかった。

こうして物件探しは母の楽しみとして託し、６月に母が選んだ建て売りの一軒家を購入した。

ついに卒業文集に書いた夢を実現させた。母と渉は、俺が購入した一軒家で新生活をスタートさせた。

俺と妻は、引き続き賃貸マンションでの生活を続けた。

２０１３年11月１日。

ついに梅崎家の第１子となる、長女が誕生した。

俺は出産に立ち会うことができた。

誕生の瞬間は本当に妻に感謝した。

名前は二人で考えた結果、「七菜子《ななこ》」に決めた。

俺は自分の大好きな背番号の「７」を、妻は娘に「子」をつけたがっていた。その互いの希望にマッチしたのが七菜子だった。

こうして、俺はついに本物の父親となった――。

「絶対にこの子には俺のような思いをさせたくない。笑顔が絶えない幸せな家庭にするんだ」

責任感を覚えると同時に、これからが楽しみで仕方がなかった。

七菜子が誕生してから俺は、よりサッカーに打ち込めるようになった。もっともっと活躍をして、かっこいい姿を見せたい。なにより子どものために稼がなくてはいけない。家庭を持った責任感が俺を突き動かしていた。

父として迎えた2014年シーズン

この年、日本はブラジルワールドカップイヤーで盛り上がっていた。

残念ながら、俺はアルベルト・ザッケローニ監督からは選ばれることなく、ワールドカップは視聴者の一人として見る立場になった。

6月、ワールドカップ開催によりJリーグが中断期間を迎えた。このタイミングで、俺はずっと行けていなかった諫早のお墓参りに行こうと思っていた。

その予定を立てているとき、妻がこう切り出してきた。

「ねえ、1回くらいお父さんに七菜子を会わせてみたら。女の子の孫だしね」

突然の提案に驚きながらも、俺はすぐに答えた。

「俺は会わせたくない」

でも、心のどこかには「会わせたほうがいいのかな……」という思いがあった。

実は、浦和に来てからも年に数回ほどだが、父と電話で話していた。こちらからかけることはなかったが、父から電話がくると、浦和への移籍や結婚、長女の誕生など、その都度、近況を伝えていた。

2013年1月6日に結婚式を挙げたが、俺は最初は父を式に呼ぼうとしていた。なぜかというと、父に「俺は家庭を築いたぞ。しかもすごく温かい家庭をな！」と見せつけたいという思いと、俺たち家族の姿を見て、父に変わってもらいたいという願いの二つがあったからだ。それはいまでもある。

しかし、そのときは母が断固拒否した。「潔が来るなら、私は出席しない」と、母からすれば当然の意見を言われ、父を呼ぶことを断念した。

「絶対に会わせたほうがいいよ。過去にいろいろなことがあったかもしれないけど、お父さんは孫の顔を絶対に見たいと思うよ」

「……わかった、会わせるよ」

俺は、父と七菜子を会わせることを決断した。

いま思うと、七菜子が生まれたことを伝えたとき、父はものすごく喜んでいた。「ずっと女の子がほしかったんだ」と言っていたことを思い出した。

たしかに、許しがたい過去はあるし、それは一生消えないし、納得できないと思う。でも、やはり父はまぎれもなく、俺の父親だった。妻の一言が、俺の背中を押してくれた。

父との再会、忘れられない初孫を見たときの表情

俺たち一家は、長崎空港へ降り立った。空港を出て、諫早市内のカフェに向かった。

俺たちが到着すると、店の中に父の姿があった。

父は笑顔で俺たちを迎えると、七菜子に対していままで見たことがない表情を見せた。

「え、親父、こんな顔するんだ……」

父は満面の笑みで七菜子に接していた。抱っこして、膝の上に座らせたりと、本当に嬉しそうだった。

ほかの用事も詰まっていたため、カフェにいたのは1時間くらいだっただろうか。

俺たちは父と別れ、その場をあとにした。

次の行き先に向かう車の中で、妻が俺にこう言ってきた。

「私、お父さんを見て、正直、そんな過去を持っているような人には見えなかったよ」

正直、俺自身もそう思った。俺が覚えている父の表情と、いまさっき見た表情は別人だった。

「俺は親父にこうなってほしかったんだ……」

心の中でふと思った。俺が父に願っていたのは、過去の父と真逆の存在になってくれること。

あの笑顔はまさにそれだった。

その日の夜、俺の携帯に着信が入った。

父からだった——。

「司、いま時間あるか？　諫早の居酒屋におるとやけど、ちょっと顔出せんか？」

唐突だったので驚いたが、俺も父のあの表情を見て少し思うところがあったため、その申し出に応えた。

諫早市内の居酒屋さんに行くと、父がすでに席に座っていた。

「司、よう来てくれたな。なん飲むか？　お茶か？」

席に着くなり、こちらを気遣うように言ってきたが、俺が「ビールでいいよ」と言うと、父は驚いた表情を見せた。

「お前、飲めるんか!?　飲めんと思っとったぞ」

「オフのときは飲むこともあるからな」

そこから俺は、父が飲んでいた焼酎のボトルを一緒に飲み始めた。

父の表情がみるみるうちに笑顔になっていくのがわかった。俺とお酒を心から楽しそうに酌み交わしていた。そして昼間に会ったときよりも饒舌《じょうぜつ》になっていた。でも、酒乱という感じは一切せず、落ち着いた雰囲気だった。

最初は聞き役に徹していたが、俺も徐々に酔いが回ってきて、昔のことを話し出すようになった。

「なあ親父。親父は俺が小さいときから、俺のサッカーをずっと否定してきたよな」

こう切り出すと、父は申し訳なさそうな表情を浮かべ、「本当にすまんかった」とぼそっと口にした。

「でもな、親父。そう言われ続けたからこそ、俺の中で反骨心が生まれて、サッカーに対してハングリーになれた。それは感謝している」

そう伝えると、父は少し照れくさそうな表情を浮かべ、「本当にすまんかった」と再び謝罪した。

こうした会話をしながら、俺は自分自身に驚いていた。「俺、親父とこんな話ができるようになったんだ」と。

正直、父親とお酒を飲むのがこんなにも楽しいとは思わなかったし、あんなに俺に優しい父は見たことがなかった。

多分、あのとき妻が俺の背中を押してくれなかったら、子どもが生まれていなかったら、絶対になかった時間だった。

父と別れ、タクシーで帰る途中、俺は馴染みのある風景が続く車窓を見て、ふと窓を開けてみた。すると、懐かしい風が俺の頬を伝っていった。

サッカーが楽しくて笑いながら帰った日、泣きながら帰った日、すべてを忘れたくて無心で走りながら帰った日。いろいろな情景と感情がよみがえってきた。同時に、今日の父の表情も頭に浮かんだ。

父のしたことは絶対に許すことができないし、それは一生変えられない。でも、昔とは徐々に変わってきている父を目の当たりにした。

俺の心は揺れ動いていた。

短い里帰りだったが、中身の濃い日々を過ごして埼玉に帰った。

それからたまに、父から「七菜子の写真を送ってほしい」という連絡がくるようになり、その都度、メールができない父のために、俺は七菜子の写真を封筒に入れて送るようになった。

歓喜と悔しさを味わった2015年シーズン

ブラジルワールドカップが終わり、Jリーグが再開した。

調子はよかった。しかし、最終的にはリーグ33試合に出場したものの、最後のほうはスーパーサブというか、スタメンではない起用が多くなった。

この２０１４年に、俺にとって重要な出来事がもう一つあった。周作が、サンフレッチェ広島からレッズに完全移籍してきたことであった。そして、俺がレッズ１年目につけていた21番を背負うことになった。

俺がトリニータからレッズに移籍するとき、「また一緒にプレーをしよう」と約束した。周作がレッズに移籍する可能性が出てきたときは、本人から相談があり、俺は一緒にプレーすることを熱望した。

お互い別々の道を歩んだ末に、７年ぶりに同じチームでまたプレーするのは不思議な感覚で、周作との深い縁を感じた。そして、一緒に埼玉スタジアムのピッチに立ったときは震えが走り、高校時代の風景がフラッシュバックした。

「やっぱり周作はすごい。まだまだ俺はあいつに追いついていない。でも、いつか絶対に追いつきたい」

新たなモチベーションを俺に与えてくれた。

だからこそ２０１５年は、もう一度スタメン確保に向けて、自分の武器であるドリブル突破とシュートに磨きをかけ、より貪欲にゴールを狙っていくことを心に誓った。

その決意通り、２０１５年は個人として結果を残し、チームにも大きく貢献することができた。２ステージ制となったこのシーズン、俺はファーストステージで６ゴールをマークした。

特に、J1ファーストステージ第16節のアウェー・ヴィッセル神戸戦は最高のゲームだった。引き分け以上でファーストステージ優勝が決まる重要な一戦とあって、妻と七菜子もノエビアスタジアム神戸に応援に駆けつけてくれた。

「家族の目の前で俺がゴールを決めて、優勝を手にするんだ」

スタメン出場を果たした俺は、かなりの気合いを入れてこの試合に臨んだ。

0−0で迎えた27分、槙野（智章）がインターセプトからドリブルでボールを運び、左サイドの武藤（雄樹）にパスを出した瞬間、「こい！」と俺はゴール前ファーサイドのスペースに走り出した。

（興梠《こおろぎ》）慎三がニアに走り出したのが見え、DFを1枚引き連れていたため、「絶対に俺のところにくる」と確信を抱いた。そして、武藤からグラウンダーのクロスが放たれると、慎三がスルーし、俺の前に転がってきた。目の前にDFがいたが、準備万端だった俺は迷うことなくスライディングで右足を伸ばし、足裏で押し込む形でダイレクトシュートを放った。

ボールは狙い通りのコースにスローモーションで転がっていく。右ポストの内側を叩いて、ゴールに吸い込まれていった。

「やった！」

気がつくと、俺はメインスタンドにいる家族のほうへ走り出していた。家族に向かって大きくガッツポーズをすると、タッチライン沿いで俺を中心に歓喜の輪ができた。同時に、アウェーゴール裏から大好きな俺のチャントが聞こえてきた。興奮がピークに達した。

71分にズラタン・リャビヤンキッチと交代を告げられベンチに引き上げると、レッズサポーターから大きな拍手を浴びた。嬉しかったし、ベンチに座った俺は、そこからずっと祈るようにピッチの仲間たちを応援していた。

84分に神戸の渡邉千真に同点ゴールを入れられ、試合を振り出しに戻されたが、1－1で試合は終了。

タイムアップのホイッスルが鳴り響いた瞬間、俺はピッチ上の選手、ベンチの仲間、スタッフ全員と喜びを爆発させた。

俺にとって初めて手にするタイトルだった。試合後のセレモニーでキャプテンの阿部（勇樹）さんがトロフィーを掲げ、みんなで喜び合えた瞬間は震えた。

なによりもスタンドへ挨拶に行って、サポーターのかけ声とともに俺がトロフィーを掲げさせてもらったあと、再び俺のチャントを歌ってくれたことは涙が出るほど嬉しかった。

「これまでの努力は無駄じゃなかったんだ……」

自分の中に充実感が溢れた――。

セカンドステージは厳しい戦いが続き、チャンピオンシップ初戦と天皇杯決勝でともにガンバ大阪に敗れ、さらなるタイトルを手にすることができなかった。

結果的に悔しい締めくくりとなった。いつも「あと一歩」で欲しいタイトルを逃してしまう。

「来年こそは」

そう強く思って臨んだ2016年シーズン。俺は再び激動の1年を過ごすことになった。

背中を見せたい、新たに芽生えた感情

2016年はレッズでのシーズンも9年目を迎え、気がつくと平川忠亮《ただあき》さん、阿部勇樹さんに次ぐ、クラブ3番目の在籍年数となっていた。

2012年からリーグ戦にコンスタントに出場し、プロとして安定した日々を送っていた。細かい怪我こそあったが、順調にここまできていた。

しかし、2015年にベガルタ仙台から武藤雄樹、この年は京都サンガF.C.から駒井善成《よしあき》が移籍加入し、ユース出身の若手である関根貴大《たかひろ》の台頭もあってポジション争いは激化し、スタメンから外れることが多くなった。それでもACLでは先発で起用されていたし、リーグ戦でも途中出場が多かったものの、コンスタントに出場機会は得ていた。

6月25日、J1リーグファーストステージ第17節のホーム・ヴィッセル神戸戦。俺はメンバ

ーに入り、さいたま市内のホテルで前泊をしていた。試合当日の朝、部屋で寝ていると、妻から連絡があったと、スタッフに起こされた。

「ウメ、子どもが生まれそうだぞ！　行ってこい！　監督も『行っていい』と言っているぞ」

俺は許可をもらい、病院へ直行した。

到着後すぐに出産に立ち会って、長男が誕生した。

本当に嬉しかった。

俺は父の背中を見て育つことができなかった。でも、息子には、「絶対に俺の背中を見て育ってもらいたい」と心の底から思った。

名前は「七大陽《なおひ》」。

愛おしい七大陽を抱いてから、俺はすぐにホテルへ戻り、ナイトゲームに備えた。ミハイロ・ペトロヴィッチ監督に息子の誕生を報告すると、「おめでとう！」と笑顔で喜んでくれた。

そして、「申し訳ないけど、今日はこういう状況だからベンチスタートにした。でも、きちんと準備をしておいてくれ」と伝えられた。

スタメンでなかったのは残念だったが、すぐに気持ちを切り替えた。「出たら絶対に点を獲ってやる」と、大きなモチベーションに変わった。

「絶対に俺は点を獲る……絶対に獲る……。生まれた息子に最初の背中を見せる」

埼玉スタジアムに向かうバスの中で、俺は何度も自分にそう言い聞かせた。

スタジアムが窓から見えてくると、ふっと、「あ、今日ここでPKが取れるかも」と思いが浮かんだ。そのシーンのイメージまで、はっきりと頭の中に描かれていた。

「もし本当にPKが取れたら、絶対に俺が蹴る。絶対に誰にも譲らない」

自分でも驚いたが、それは現実となった。

2－1のリードで迎えた後半途中、俺は監督から呼ばれた。

「よし、出番だ！　絶対に決める！」

はやる気持ちを抑えながら、ユニフォーム姿になると、77分、駒井に代わってピッチに入った。そして85分、ペナルティーエリア左ギリギリの場所でFKを獲得。キッカーは（柏木）陽介。ゴール前に多くの選手が集結する中、俺はこぼれ球を狙うため、ペナルティーエリアの外にポジションをとった。

陽介がボールをセットすると、一瞬だけ目が合った。

「必ず俺のところにくる」

陽介はゴール前にボールを上げると見せかけて、俺をめがけてマイナスのグラウンダーのボールを蹴った。

「きた!!」

俺は右足でダイレクトシュートを放った。しっかりとボールの芯を捕らえたシュートは、思い通りの弾道でゴールに向かった。すると、シュートブロックに飛び込んできたDFの手にボールが当たった。

「ハンドだ！」

そう思った瞬間、主審のホイッスルが鳴り響いた。

「マジかよ！　本当にPKになった！」

「俺に蹴らせてくれ」と周りの選手に主張しながら、ボールにまっすぐに向かい手に取った。

本来ならPKは誰が取ろうが、キッカーは阿部さんか慎三だった。それは暗黙の了解だったが、このPKだけは絶対に譲りたくなかった。

寄ってきた阿部さんと慎三も、「わかっているよ、蹴りなよ」と言って理解を示してくれた。

二人に感謝しながら、ゆっくりとボールをセットする。もうすでに蹴る場所は決めていた。

迷うことなく堂々とGKと対峙《たいじ》することができた。

助走を始め、ぎっしりと埋まったレッズサポーターに向かって蹴ったコースはど真ん中。ボールはGKに触れることなく、ゴールに突き刺さった。

まさか試合前に思い描いていたことが現実になるとは……。サポーターに向かってガッツポーズし雄叫びを上げると、みんなが俺のところに集まってきた。その中にはGKの周作の姿もあった。そして、全員で七大陽の誕生を祝う「ゆりかごダンス」。もう嬉しくて、嬉しくてたまらなかった。

「アレアレー梅崎ー、アレアレつ・か・さ！」

俺のチャントが埼玉スタジアムに響き渡った。全身が震えた瞬間だった。

この試合は3－1で勝利した。息子が生まれた日に勝利を決定づける得点を獲ることができたことは、大きな誇りだった。見せたいと思い続けていた自分の背中を、七大陽に見せられたと思うし、将来、このことを絶対に七大陽に誇りに思ってもらえるとも思った。

再び〝あの音〟を聞く悪夢

そして月日が経ち、8月31日のルヴァンカップ準々決勝ファーストレグ（第1戦）のアウェー・ヴィッセル神戸戦で、俺は右ウィングバックで久しぶりに先発出場した。

「ようやく巡ってきたチャンス。なにがなんでもこのチャンスを逃してはいけない」

あのPKでのシーズンファーストゴール以降1点も獲れず、レギュラーの座を確保できていなかった。だからこそ、必死でプレーした。

しかし、後半アディショナルタイムにアクシデントが待っていた。

相手選手と接触した瞬間、以前に一度聞いたことがある音がした。

〝ボキッ!!〟

その場に倒れ込んだ俺は、驚くほど落ち着いていた。

「あ、これは大怪我だな……。向き合うしかないな」

怪我をしたショックがまったくなかったと言えばウソになるが、「もう一度、自分と真剣に向き合う時間が生まれたな」と冷静に捉える自分がいた。

担架で外に運び出され、そのままドクターの触診を受けてから、宿泊先のホテルに戻った。触診ではそこまで大事に至っていないという判断だった。少し安心し眠りについたが、夜中にそれまでなんともなかった左膝に激痛が走った。

目が覚めて左膝を見ると、パンパンに腫れ上がっていた。そこから脈打つような痛みが全身を駆け巡った。

「これはもしかして前十字靭帯までいってるんじゃないか……」

二度目の前十字靭帯の怪我を覚悟したが、それでも俺は取り乱すことはなく、いたって冷静だった。

翌日、病院に行き精密検査を受けた結果、予想通り左膝前十字靭帯損傷の大怪我だった。

こうして、俺はまたも長期離脱を強いられることになった――。

第7章

2度目のルーキー時代

左膝前十字靭帯損傷～現在

大怪我と家族の支え

「ああ……やっぱりか」

非常な宣告だったが、僕は冷静だった。

「これまでひたすら突っ走ってきたけど、自分を見つめ直すいい機会だな。もっとやりたいプレーもあるし、それをするための体作りにもう一度臨めるチャンスかもしれない」

自分でも驚くほどポジティブだった。前回の怪我とは違い、「引退」の2文字はまったく浮かんでこなかった。

病院から松葉杖をついて家に戻ったあと、僕は七菜子を幼稚園に迎えにいった。

幼稚園の門の前に立つと、すぐに七菜子が僕を見つけて、笑顔で駆け寄ってきた。

その光景を見た瞬間、僕の中でこれまで張りつめていた糸がぷつんと切れるのがわかった。

七菜子を抱きしめると、もう涙が止まらなかった。

「ごめんね、パパ、怪我しちゃった」

すると、七菜子も小さな腕で僕を抱きしめ返してくれた。

七菜子は僕が怪我したシーンをテレビで観ていたという。僕が接触し、倒れ込んでいる姿を見て、「パパ、怪我しちゃった、パパ、怪我しちゃった……」とテレビの前で泣いていたことを妻から聞いた。

そしていま、こうして泣いている僕を優しく慰めてくれた。

「実は俺、本当は落ち込んでいたんだ。無意識のうちに落ち込むことを嫌って、少しだけ虚勢を張ってしまっていたんだ。それを七菜子が教えてくれた。もう前回の怪我のときとはわけが違うんだ。俺には支えてくれる大切な人が増えたんだ」

このとき、家族の大切さ、かけがえのなさを、心から感じることができた。

そして、この気持ちが背中を押し、リハビリにも前向きに取り組めた。

「いまこそ自分を変えられるチャンスだ」

そう思って、僕は手術後のリハビリに臨んだ。

そこで僕は「自分の本当の気持ち」を知ることができた。

年齢を重ねて、気づけば30歳を目前にし、ベテランと呼ばれる領域に入ろうとしている。だからこそ、自分自身とより正直に対話しながら、サッカーに向き合っていかないといけない時期に差しかかっている。いいことも悪いこともすべて隠すことなく向き合うことで、より長く、より成長できる道が切り開かれると思った。

もう勢いだけで突っ走ってもいけないし、勢いを失ってもいけない。自分の心と体のバランスを熟知して前進を続けるため、自分自身と向き合う中で僕が見つけた自分の本当の気持ちは、「もっともっと勝負をしたい」ということだった。

歳を重ねるにつれて、徐々に現実を受け入れるようになった。自分だけの基準ではなくて、監督の基準だったり、周り全体のバランスを意識することを覚えていった。そうすることでどんどんプレーの幅が広がり、成長している実感はあった。

そう考えたら、いい成長曲線を踏めているように思えるが、裏を返せば「無難なプレー」「保守的なプレー」が増えているように感じた。もちろんそういうプレーも試合の流れや組織を考えると必要だが、積極的に仕掛けて、相手の守備を崩しにいく自分のプレースタイル、常にギラギラしていて、相手にとって危険な存在でありたいという自分の本心を抑え込んでしまっていたのではないか……。

やはり僕はもっとギラギラしていたいし、輝きたいし、ヒーローになりたい。

もっと前に前に仕掛けて、レッズのサポーターを湧かせたい。

あらためて僕のサッカー人生を振り返ると、サッカーを始めたときもそうだし、小学校、中学校、高校と、プロに入ってからもそうだったけど、何度も壁にぶつかってきた。でも、絶対に「自分の力で運命を変えていくんだ！」という強い気持ちを持ってやっていた。

それが怪我をするごとにどんどん失われてしまった。怪我を重ねることで、僕はいつしか自分の気持ちに向き合えなくなっていたのだ。

皮肉にも今回の怪我が、それに気づかせてくれた。

「絶対にこの時間を無駄にしてはいけない」

リハビリは順調に進み、心身ともに研ぎ澄まされていくのがわかった。

リハビリ期間中、仲間たちの試合をスタンドから観ることもすごくプラスになった。

駒井や関根のプレーを見ていたら、自分を表現しようとすごくギラギラしていた。「絶対に結果を残す」という強い気持ちを持って、ときには自己的になってしまうところもあったが、それでも積極果敢なプレーで、彼らはアシストやゴールという結果を残していた。

「俺も丸くなっていてはダメだな」

後輩たちから大きな刺激を受けた。周りへの配慮は大事だが、自分の特徴を理解し、自分の軸でプレーすることが結果的にチームを救うことになる。

僕の過去の経験を振り返っても、自信を持って強気の選択をし、気持ちよくプレーできたときは、アシストやゴールという目に見える結果に直結し、チームの勝利に貢献できているし、大歓声の中心にいることができていた。

自分勝手ではなく、個をフルに発揮して組織に貢献するということ。あらためて僕は、これまで個を犠牲にして、組織のためのプレーへ重きが変わっていたことに気づいた。

10月15日。「レッズに来て心からよかった」と思える出来事があった。

ルヴァンカップ決勝のガンバ大阪戦。埼玉スタジアムで行われたこの試合を、リハビリ中の僕はスタンドで見ていた。昨年、苦杯をなめさせられ続けた因縁の相手に、レッズは先制されながらチュンソン（李忠成）の渾身のヘッドが決まり、同点に追いついた。

「頼む！　頼む！　勝ってくれ！」

祈りながら試合を見つめていた。試合は延長戦に突入。延長後半にはスタンドからベンチ横に移動して、食い入るようにピッチを見ていた。

勝負は120分間でも決着がつかず、PK戦へ。PKではベンチ横でみんなと肩を組んで勝利を祈っていた。3－3で迎えた先攻・ガンバ大阪の4人目のキックを周作が右足でセーブをした瞬間、僕たちは大きくガッツポーズをして雄叫びをあげた。

そして、レッズの5人目、（遠藤）航《わたる》が右隅に冷静に蹴り込んでからは、我を忘れて喜びを爆発させた。

浦和レッズ、ルヴァンカップ優勝。僕は大会途中で大怪我をしてしまったけど、チームのタイトルはやはり嬉しかった。

表彰式のあと、僕も優勝カップを掲げさせてもらった。すると、試合に出ていないのにもかかわらず、レッズサポーターは僕のチャントを大合唱してくれたのだ。

ただジャージを着てスタンドから見ていただけの僕のチャントを、サポーターが耳の奥まで届く声量で歌ってくれている。心の奥底まで響いたし、こんなにも僕を応援してくれている人がたくさんいることをあらためて感じることができ、もう感謝の思いでいっぱいだった。

何度僕は、レッズサポーターの歌声に助けられてきただろうか。早く復帰して恩返しをしたい、と心から思った。

「本当の自分」に出会えたリハビリから再出発

年が明け、僕は30歳になった。

そして、２０１７年3月11日。くしくも自分を変えた東日本大震災からちょうど6年経った日に、僕が左膝前十字靭帯の怪我から復帰して初めて、大原サッカー場でみんなとボールを蹴ることができた。

リハビリ期間中はいつも大原に来ていたが、この日は普段と様子が違った。

見慣れたいつもの光景だったが、なぜだか一段と輝いて見えた。一歩一歩が新鮮で、まるでルーキー時代のような感覚だった。

この日はＪ１リーグ第３節のホーム・ヴァンフォーレ甲府戦の翌日のため、控え組を中心に少人数で行われたミニゲームに参加した。

「ああ、俺は本当に戻ってきたんだな……」

ワンプレー、ワンプレーを噛《か》みしめた。時折キレのある突破を仕掛けるなど、自分が得意とするプレーを表現することができた。

明らかにこれまでの怪我からの復帰とは違う感触があった。ただ戻ってきたわけではなく、怪我をする前よりも進化しているという手応えがあった。

ミニゲームを終えると、トレーナー、ドクター、コーチが笑顔で握手を求めてきた。一人一人と固い握手を交わし、みんなが引き上げたグラウンドをふと見渡すと、自然と涙が頬をぬらした。

「長いリハビリだったな……」

左膝を怪我してから、６カ月間という時間が経過していた。いまは、ずっと求めていたサッカーが表現できる。これもこれまで味わったことがない感覚だった。

そこから決して焦らず、完全復帰を目指して、じっくりと心と体を仕上げていった。

〝30歳のルーキー〟として、僕はサポーターのボルテージが最高潮に達するあの場所を夢見ていた。

実戦への復帰は、ミニゲーム参加から2カ月後の5月10日に行われたACLグループリーグ最終戦のアウェー・FCソウル戦。

遠征メンバーに入り、ソウル入りした僕に、嬉しい再会があった。

トリニータ時代の恩師であるファンボさんが、僕たちが宿泊するホテルまで訪問しにきてくれたのだ。周作はこの韓国遠征のメンバーから外れていたため、僕とファンボさんでホテルの近くのカフェに行った。

世間話などいろいろな話をしていく中で、ふと昔話になったとき、僕は「あの事件」の真相を聞いてみた。

「ファンボさん、俺が高校2年のとき途中で入ったのにすぐに交代させられてぶち切れたとき、どういう気持ちだったんですか？」

するとファンボさんは「懐かしいな」と笑いながらこう答えてくれた。

「まずね、なぜ交代させたかというと、あのとき梅崎はプレーが臆病になっていて、バックパスや横パスなど、安全なプレーばかりをしていたんだ。だからすぐにポジションをサイドバックに変えたんだけど、それでも臆病のままだったから代えたんだ。そのあとはね……もう久しぶりにあんなに切れたね」

「そうだったんですね。あのときはもうめちゃくちゃ怖くて、怒られてあんなに泣いたのは生まれて初めてでした」

「でも、それくらい腹が立ったんだよ」

「当然ですよね、あんな態度をとられたら俺でも切れますもん」

とても心地いい会話だった。僕はさらに踏み込んだ質問をした。

「昔、人から聞いたんですが、俺がトップチームに昇格するかしないか議論になったとき、ファンボさんが俺を強烈に推してくれたって本当ですか？」

するとファンボさんは真剣な表情になった。

「司、あのときのメンタリティがなかったら、いまのお前はなかったんだ。プロに上げるかどうかの話し合いのとき、正直、みんなから反対された。でも、俺はお前のメンタリティがあれば、絶対にこの先の困難も打開できると思ったし、プロに通用する選手になれるという確信があった。だからこそ、『絶対に上げるべきだ』と言い続けた。最後はもう強引に押し切る形で昇格を決めさせてもらったよ」

初めてファンボさんの口から直接、真実が明かされた。僕は涙が出そうなくらい嬉しかった。言葉が出ないでいる僕に、ファンボさんは話を続けた。

「どうしてそこまで思えたかというと、それはお前がトリニータユースのセレクションに参加したときから感じていたからなんだよ。あのとき、正直、お前は下手だった。でも、ただ一人だけ目の輝きが違ったんだよ。強い意志と覚悟を感じたし、実際にユースに入ってからも、お母さんを大事にしながら、サッカーに真摯に向き合っていることがすごくわかった。なにより『なにがなんでも上へ這い上がってやる』という気持ちがほかの人の何倍も伝わってきた。だから俺は確信できたんだよ」

堪えていた涙がこぼれた。ファンボさんはそこまで僕のことを思ってくれていた。「あの事件」のあとの、「俺はね、いちばんお前に期待をしているんだ」という言葉は、真実の言葉だった。

「でもね司、俺はお前があんなに早く活躍して、ここまでの選手になったのは嬉しい驚きでもあるんだよ。周作はもともとの才能がほかの人と違って群を抜いていたから、『活躍して当たり前』という感覚だった。でも、司がここまでの選手になってくれたのは、本当に嬉しいことなんだよ」

そこからはいまの僕についても話してくれた。

「よくたび重なる怪我を克服してピッチに戻ってきたな。もうお前も30歳。30歳を越えると、これまで見えなかった景色が見えてくるよ。でもその景色を見るためには、純粋にサッカーを楽しむ気持ちと、お前のスタイルである前へ行く姿勢は絶対になくしちゃいけない。お前の最大の特徴はゴールに向かっていく姿勢。体のキレと、すばやいシュート。クロスもパスもできる。ゴールに直結するプレーを出すために、いまは思い切ってチャレンジし続けなさい。そうすれば必ず見えてくるし、それが見えればもっとサッカーが面白くなるよ」

相変わらずの情熱とパワー、そして愛情に満ちたファンボさんとの時間は、僕に大きな刺激を与えてくれた。

「もっとファンボさんが喜んでくれるように、もっと『あのとき、梅崎をプロに上げてよかった』と思ってもらえるように頑張ります！　貴重な時間を割いてくださり、本当にありがとうございました」

涙を拭って、ファンボさんにこう決意と感謝を伝え、僕はホテルへ戻った。

恩師との再会で気持ちを入れ直した僕は、ファンボさんがスタンドで見つめるFCソウル戦で、78分に途中出場を果たした。目立った活躍はできなかったが、ファンボさんにプレーをする姿を見せられた。

しかし、そこからリーグ戦復帰まではさらに時間を要した。リーグもACLもベンチ入りはするものの、出番はなかなかやってこない。

監督がペトロヴィッチ監督から堀孝史監督に代わってからも、その状況にあまり変化はなかった。

ちょうどこのとき、東京でトリニータユースの同窓会のような集まりがあった。僕は周作と二人で車に乗って会場に向かう途中、お互いの本音をぶつけ合った。

「周作、いまの俺を見てどう思う？」

会話の中で周作に意見を求めると、こう答えた。

「俺の中で司は常にゴールを狙っているイメージがあったけど、いまはそういう意味では怖さが足りないと思う。（金崎）夢生《むう》なんかは対戦していても、『どこからでも狙うよ』と常にギラギラしていて、本当に怖いし嫌な存在だよ。司は夢生と一緒でそういう怖さが出せる選手だと思う」

ファンボさんの意見とほぼ一緒だった。やはり昔から僕のことを理解し、心が通っている人間の言葉はストレートに響くし重かった。

「俺はトリニータのときのような司が見たいな。そうすれば俺も楽しい」

「ありがとう、周作。俺もいつか周作のロングフィードからドリブルで切り裂き、ゴールを決めて、レッズの大観衆を湧かせたいよ」

「絶対にできるよ」

それ以上の言葉は必要なかった。僕の中で出番がやってこないことに対する不安が消え、逆に沸々とモチベーションが湧き上がってきた。

「チャンスがきたら、純粋に自分のプレーをするだけ」

準備は常に万全だった。

そして、ついにチャンスがやってきた。J1リーグ第22節のアウェー・セレッソ大阪戦に7分間出場をすると、第24節のアウェー・清水エスパルス戦でようやくこのシーズン初スタメンが巡ってきた。

8月27日、IAIスタジアム日本平。

試合前のアップでピッチに出ると、アウェーにもかかわらずゴール裏スタンドを真っ赤に染めたレッズサポーターが僕のチャントを歌ってくれた。

大好きな自分のチャントが、アップ中に耳にバンバン入ってくる。それだけで込み上げてくるものがあった。

「サポーターのためにも、攻めの姿勢を見せる」

固い決意と高揚感を抱きながらピッチに入ると、立ち上がりから体がキレていた。

右のウィングバックでプレーした僕は、ボールを持ったら果敢にドリブル突破を仕掛け、クロスを供給した。こうしたプレーを繰り返し続けていると、自分のところへボールが頻繁に回ってくるようになった。前半はエスパルスにリードされ0－1で折り返したが、いいイメージを持って後半に臨めた。

後半、さらにギアを上げた僕は、64分にCK（コーナーキック）のこぼれを受けて矢島（慎也）につなぐと、そこから（遠藤）航の同点ゴールが生まれた。

さらに70分、左サイドにポジションを移した僕は、ボールを受けるとドリブルで仕掛けて相手ＤＦを揺さぶり、中央の慎三へクロス。慎三の落としからラファエル・シルバの逆転ゴールが決まった。

その後も、積極的な仕掛けを最後まで続けることができた。ゴール、アシストはなかったが、２得点に絡んで２－１の逆転勝利。「これでいいんだ！」と、僕の中で確かな手応えを得ることができた。

試合後、喜びに湧くサポーターにみんなで挨拶に行き、僕は何度も声援にガッツポーズで応えた。全員がロッカールームへ引き上げ、最後に僕も戻ろうとしたそのとき……。ゴール裏スタンドから僕のチャントが湧き起こった。

思わず振り返ると、割れんばかりの声で僕のチャントを歌ってくれているサポーターたちの姿があった。

中には泣いているサポーターもいた。その光景に僕は目頭が熱くなった。すぐにピッチサイドに出て、再び何度もサポーターに向かってガッツポーズをした。

「俺、本当に戻ってきたんだ……」

あの光景は多分、一生忘れないだろう。心から感動したし、痺れたし、興奮した。心の底から、「これをもっと味わいたい」という思いが湧き上がった。

もう僕も30歳、ずっとサッカーを続けられるわけじゃない。だからこそ、時間を大切にして、またこうした瞬間を少しでも多く味わえるようにしたい。

あの空間は僕にとって宝物となった。

アジア頂点という景色

そして、2017年11月25日。また僕の中で新たな宝物が生まれた。

ACL決勝セカンドレグ（第2戦）。ホーム・埼玉スタジアムにアル・ヒラル（サウジアラビア）を迎えた一戦。僕はベンチスタートだった。

試合前にベンチに向かうと、スタジアム全体を使った壮大なコレオグラフィを目の当たりにし、心が震えた。サポーターのこの試合に懸ける思いがヒシヒシと伝わってきた。

僕はACLの準決勝セカンドレグのホーム・上海上港戦で82分に投入されると、短い時間ではあったけどエスパルス戦のように積極果敢に仕掛けて、1－0の勝利に少しは貢献することができた。

決勝のファーストレグでも77分に投入されると、惜しいシュートを放つなど効果的なプレーを見せられた。だからこそ、この試合も何分間かわからないけれど絶対に出番がくると信じていた。

地響きがするような歓声の中、試合は一進一退の攻防となった。０－０のまま時間が経過していくにつれ、僕の気持ちはどんどん高まっていった。アップするメンバーの中で一人だけジャージのズボンを脱ぎ、いつ呼ばれてもいいように臨戦態勢で準備していた。

マウリシオが呼ばれ、ズラタンが呼ばれ、交代枠はいよいよあと１枚となった。

「絶対に出番がくる」

そう信じていた僕に、ついに声が掛かった。ユニフォーム姿になりピッチに入る準備をしていると、目の前でラファ（ラファエル・シルバ）が豪快なシュートを突き刺した。

時間は88分だった。ゴールの瞬間、頭の中が真っ白になるくらい嬉しかった。

でも、すぐに「このまま試合を絶対に勝利で終わらせる」と気持ちを入れ直して、投入されるときを待った。

試合が０－０から一気に動き出したことで、交代までには時間を要したが、後半アディショナルタイム３分に僕は陽介に代わって投入された。

「チームの勝利のために、たとえ１分でも１秒でもいま持っている力のすべてをぶつけてプレーする」

もちろん攻撃的に、貪欲なプレーを見せたいという気持ちはあったが、僕もプロ生活13年目を迎えて、最後の最後で勝ちきれなかった経験を何度もしてきた。２０１１年と２０１３年のナビスコカップ準優勝、２０１５年はチャンピオンシップ、天皇杯で優勝を逃し、２０１６年もチャンピオンシップで負けて、ここ一番の勝負で少しでも隙があると結果は変わることを、嫌というほど味わった。

勝負に徹しないとつかめないものがある。だからこそ、たとえ時間が短くても、ほんのわずかな隙を作り出さないために全身全霊を尽くす。すべてはその先にある大好きな埼玉スタジアムの最高の瞬間を味わうために。

試合中にボールに触ったのは1回で、プレー時間も1分程度だった。でも、僕はプロフェッショナルとして、誇り高きレッズの一員として戦い抜いた。

そして、タイムアップのホイッスルが鳴り響き、埼玉スタジアムはこの日最大の歓声が湧き起こった。

「あ……終わったんだ……」

僕は自分のところにきたボールを高く蹴り上げ空を見上げた。

そして視線をピッチに戻すと、喜んでいる周作の姿が目に飛び込んできた。

「周作のところに行かなきゃ」

僕は無意識のうちに体が動きだし、周作の元へ走った。すると周作も僕に気づいてくれて、二人で強く抱きあった。

周作が最後の最後まで集中を切らすことなく、ゴールを守ってくれたから優勝することができた。やはり周作は僕の中の〝永遠の目標〟であり、すべてをわかり合える親友と呼べる存在だった。だからこそ、あの興奮のるつぼと化したピッチの中で無意識のうちに周作を探し、真っ先に駆け寄っていったのだった。

そして、周作と二人でみんなのもとに向かい、かけがえのないチームメイト、スタッフたちと歓喜をわかち合った。

このタイトルを、ずっとレッズが欲していたことはわかっていた。僕は前回のＡＣＬ優勝をトリニータの選手としてテレビで観ていた。その直後にオファーをもらって、あの舞台に自分が立つことを夢見てから、10年の歳月を経てついに現実のものとなった。

ＡＣＬ優勝は、僕の中で一つの重要な指標だった。

もちろんスタメンで出場し、ゴールやアシストを決めて優勝に貢献することが理想だけど、わずかな時間でも優勝のピッチに立てたということは、自分がこれまでチャレンジし続けてきた証として誇ってもいいと思った。

試合後に見た二つの景色によって、それをより実感することができた。

表彰式前に、再びスタンド全体を包むコレオグラフィが描かれた。本当に美しかった。試合が終わっても誰も席を立つことなく、この壮大なコレオグラフィを作り出してくれていることに胸が熱くなった。

「ああ……僕はなんて幸せ者なんだ……」

涙がこぼれた。この瞬間、僕はいちばんいい景色が見られる場所に立っている。スタンドでもピッチサイドでもなく、ユニフォーム姿でピッチのど真ん中に立って360度に広がるこの最高に美しい景色を眺めている。試合前にベンチから見た景色とはすべてがまったく違っていた。まさにレッズに関わるすべての人たちが一つになった瞬間だった。

レッズサポーターがとてつもなく大きな財産を僕に与えてくれた。

最後の表彰式。壇上には、試合に出場した選手とベンチ入りの選手しか立つことが許されない。昨年のルヴァンカップ優勝では、僕は壇上に立つことができなかった。嬉しかったけど、同じくらい悔しかった。でも、今回は優勝の瞬間をピッチで味わい、周作とユニフォーム姿で喜びを分かち合うことができた。

壇上まで歩きメダルを首に掛けてもらって、阿部さんに優勝トロフィーが渡るのを待った。ふとスタンドを見ると、みんなが笑顔だった。その中には母と渉、妻と七菜子と七大陽の笑顔もある。本当にみんなに支えられて、僕はこの場に立てていると心から思った。

阿部さんがトロフィーを受け取り勢いよく掲げると、金色の紙吹雪が埼玉スタジアムの夜空に舞った。本当に美しい景色だった。

僕の人生の中でとてつもなく密度の濃い１分間だった。これまでの取り組む姿勢が間違いではなかったことを認識できたし、同時に、「まだまだ物足りない」という枯渇感を自分に与えてくれた。

ＡＣＬ優勝を経て、この二つの思いを感じることができたことで、ファンボさんが言ってくれた「景色が変わってくる」という言葉の意味を理解できた気がした。

僕の心にさらに火がついた――。

梅崎司、30歳。

現在、母は元気に一軒家で埼玉での生活を続け、一緒に住む渉も教員免許を取って、先生になるために努力をしている。

僕はこの歳までプロサッカー選手としてプレーを続けさせてもらい、妻と長女、長男と温かい家庭を築いている。

正直、幼少時代にはこうした将来を夢見ていたが、実現できるかどうか不安だらけだった。

でも、だからこそ毎日を必死で生きてきた。

たまにふと思うことがある。「俺の故郷は二つある」と。

正直に言うと、僕にとって〝諫早〟は……いまでもすごく「複雑な場所」。思い出が詰まっているし、間違いなく僕の原点の場所であることは間違いない。でも、それ以上に思い出したくないものがたくさんある。

家庭内暴力。家族団欒《だんらん》の皆無。「唯一のすがるもの」だったサッカー。そして、小学6年のときのいじめ……。僕は、ほかの人たちのような幼少、少年時代を過ごすことができなかった。

中学時代は、いかにこの環境から抜け出すかを考えながらサッカーをしていた。

現実を見つめ、その現実をどう乗り越えていくかに必死だった。

頭ではわかっていたが、これまでずっと心に蓋をしていたものを開けて、その物事の多さに自分でも驚いている。

「こんなことがあったな……。あのときは辛かったな……」

ずっと避けていたけど、驚くほど過去の出来事を受け入れている自分もいた。

もしかすると、いままで僕は、自分の人生から諫早を遠ざけようとしていたかもしれない。

でも、これまでのことを振り返ると、いままで以上に愛着が生まれてきた。

同時に、あらためて大分は自分にとって〝かけがえのない場所〟であることにも気づけた。

大分は僕をプロにしてくれた。そして、プロとして土台となる時間を過ごすことができた。苦しかった諫早時代が嘘のように、毎日が悩みながらも充実していたし、なによりサッカーが楽しかった。

でも、これだけははっきり言える。どれも、すべてが僕の人生だと。

すべての経験が僕の財産になっている。辛いこと、逃げ出したいこともたくさんあったけれど、すべての経験が僕を人間として、サッカー選手として成長させてくれた。

ろくでもない父だったけれど、それによって僕の中に強烈な「反骨心」が生まれた。この反骨心があったからこそ、いまにつながっていることは間違いない。

実際に父になり、いろいろ考えることも増えた。そこにも、「親父のようにはならない」という強烈な反骨心が、子育てに影響を与えてくれている。

最後に……ここまでいろいろ親父について話してきたけど、あらためていまの僕の素直な思いを言うよ。

「親父、本当にろくでもない、散々な父親だったし、いまでも俺はあんたのようには絶対になりたくないと心底思っている。でもね、あんたが俺の血のつながった、この世でただ一人の親父であることは間違いないんだよ。俺はいまでも変わってほしいと思っているし、もっともっと変わってくれると信じたい。そして、その『答え』として、いつかあんたに30代の俺がルーキーのように躍動し、キラキラ輝くようなプレーで勝利の立役者となる『最高の試合』を観てもらいたい。その日まで俺はまだまだ突っ走るから」

母への手紙

おかんへ

こうやって、手紙を書くのはフランスに旅立つとき以来だね。それからもう11年の歳月が経ったね。

そう思うと月日の流れは早いよね。

今回この本を出すに当たって、生まれた時からの自分の人生を深く振り返ることが出来たよ。

俺はいつもおかんと一緒だったし、おかんが道を示してくれて、一緒に寄り添い歩んでくれた。

思い出したくない辛い過去もたくさんあるけど、その一つ一つがおかんと歩んできた証だと思う。

サッカーと出会い、サッカーが大好きになり、いつしかサッカーがて「すがるもの」にもなった。そして、サッカーは俺の人生そのものになった。

一緒に走ってくれた謙小の周りの田んぼ道。よく覚えているよ。夕日に照らされた景色が、本当に凄く綺麗だった。いまでも鮮明に心に残っている楽しい思い出だよ。

あそこから俺は努力を覚えた。それは今でも俺の生き方の一つとなっているよ。壁に当たっても絶対に諦めない。まずは身体を動かしながら、解決方法を考え、探す。中学時代も高校時代も、プロになってからもそれは変わらない。

そしていつしかサッカーで大きな夢を追い、おかんや渉に恩返ししたいと思うようになった。

運もあってトリニータユースに合格できたけど、離婚したばかりでこれから沙と3人で生きていこうというときに、大分に行かせてくれてありがとう。いつだって俺の気持ちを一番に考えてくれたね。

そして、プロになれたときは本当に夢みたいだったよ。ずっと子供の頃から夢見ていたものが、現実になったんだから。これで少しは恩返しが出来るかなと思ったよ。

でも、ただプロになったからではなく、自分らしく楽しくプレーをして、勝利するところをスタジアムで見せることが、一番の恩返しだと感じていた。それが一度だけではなく、何度も何度も見せられたことを。
だからこそ、俺はどれだけ失敗しても恐れずにチャレンジを続けた。
浦和レッズに来ることが出来て、埼玉に来てくれたことは、
本来ならば感謝しかないはずなのに自分が怪我を繰り返して
うまくいかないばかりに、おかんにばかり当たってしまって、恩を
仇で返してしまっていたときもあったね。
今は笑い話にしてくれているけど、親父みたいになりかけていたと思う。
それでも幼少期と変わらず愛情を注いでくれたから俺もそれに
気づくことが出来たし、今の自分があると思っているよ。
そのおかげで家族にも恵まれたよ。二人の子供にも恵まれた。

よくおかんが「渉と私、司の3人で1つのチームだから、みんなで
助け合って生きていこうね」と言っていたね。

そのチームの輪が、妻、子供達が出来て、4人、5人、6人と広がったね。

これからもみんなが仲良く活気があり、お互いを尊重し合い、何でも言い合える家族、輪にしていきたいと思っているよ。

そして、おかんが俺と渉に注いでくれたみたいに、大きな愛を家族に注いでいきたい。

最後に、俺はおかんの子で本当に良かったよ。

小さい時から変わった家庭環境で、大変なことも多かったけど、

何度も言うよ。おかんがいなけりゃ俺はここまで成長してこれなかったし、今の自分はいない。

どんなに周りに白い目で見られようが、一切関係なく寄り添って褒めてくれて、時には厳しく叱ってくれた。そして、俺たちの為に生きてくれた。

おかん、これまで突っ走って生きてきたのだから、これからはもう少しゆっくりしてね。今度は俺がおかんを守る番だから。

俺もまだまだ大好きなサッカーでもう一度夢にチャレンジし、生き生きとした姿をおかんと妻、子供達に見せるのが俺のモチベーションなんだよ。だから元気でいて欲しいし、楽しみにしていてね。

おかん、これまでありがとう。これからも共に生きていこうね。

チームの輪の中はいつも笑顔で溢れているよ。

司より

あとがき

まず、この本を出版するにあたって共同制作してくださったサッカージャーナリストの安藤隆人さん、本当に心から感謝しています。

そして、辛く忘れてしまいたい過去を、今回の本の制作にあたって、細かい部分まで思い出して話してくれた母には本当に感謝の言葉しかありません。

最初にこの話をいただいたとき、正直なところ、「自分の人生を通して、いろいろな問題に直面している人たちに思いを伝えたい」と思う反面、「プロサッカー選手としてこれまで大きな結果を残せていない僕が、本なんか出していいのか」という気持ちがありました。

だけど、自分の人生は人に伝えるべき価値のあるものだという自負はあるし、もし、昔の僕のように家庭環境やサッカーで苦しんでいる子どもや親がいるのであれば、少しでも参考や励みになるのではないかとずっと思っていました。

その思いを形にすることにこそ価値があると確信し、この本を作りました。

自分でも波瀾万丈《はらんばんじょう》で、本当に山あり谷ありの人生。人として、サッカー選手として、成長する過程の中でいくつもの壁にぶち当たってきました。大きな怪我も何度もしてきました。

でも、その都度、真正面から壁と向き合って乗り越えてきました。その過程での僕の心境の変化、考え方、そして過ち……。それに対する親の対応と思い。それを包み隠さずに書き記すことで、なんらかのヒントや光をもたらすことができれば、こんな嬉しいことはありません。

振り返ると、僕は父からこれでもかというくらいサッカーを否定され続けてきたし、自分のことを可愛がってもらった記憶がまったくない人生でした。その代わりに、母から大きな愛情を受けて育ちました。母がここまで愛情をもって育ててくれなければ、いまの僕はいないと思います。もしかしたら、サッカーをせずに非行に走っていたかもしれません。

母はいつも僕と同じ目線に立ってくれて、僕のやりたいことを常に尊重してくれました。辛いときは一緒に泣いてくれて、嬉しいときは一緒に喜んでくれて、悔しいときは一緒になって戦ってくれました。いつも僕の気持ちに寄り沿って一緒に生きてきてくれたのです。

僕にとっていちばんのサポーターであり、いちばんの理解者である母。その反面、僕と母を否定し続けた父がいたからこそ、反骨心やハングリー精神が生まれました。

思えば、両極端な父と母がいてこそのいまの自分だと思います。

それに気づくことができたのも、この本の制作を通じてでした。なんとなく頭ではわかっていたつもりですが、こうして自分の過去をじっくりと思い返しながら、文字に変わっていく一連の流れの中で、無意識のうちに過去を記憶から消そうとしていた自分がいました。

安藤さんに踏み込んだ質問をされたとき、その瞬間に記憶を探ってもまったく思い出せなかったのですが、母や周りの話を聞くにつれ、徐々に記憶がよみがえってきました。一方で、鮮明に覚えていることは、この本を通じても重要なセクションになっているシーンです。

それだけ僕の家庭環境は自分の人生を大きく左右し、自分の記憶すらも無意識のうちに操作してしまうほどの影響がありました。

僕は結婚し、二人の子を持つ父となりました。

自分が経験してきたことを活かそうと思って日々を過ごしています。

家族全員が仲良く、笑顔と会話の絶えない、明るくて幸せに溢れる家庭を目指しています。

中でも僕が中学のときにたった一度だけ感じた、家族みんなが一つになってふんわりと柔らかく、楽しく、幸せな空間。その空間こそが僕の理想の家族です。

子どもたちに僕と同じ思いは絶対にさせてはいけない――。

自分の価値観で縛らず、自由な発想を大事にする。

ときには、厳しく接することも必要だと思います。甘やかしすぎるのはよくないし、厳しすぎてもいけない。いいバランスで、なおかつ自主性を伸ばしてあげたい。常に同じ目線で話をしていきたいと思っています。

子育てや人間教育において、なにが正解かは正直、わかりません。

でも、はっきりと言えることは、子どもたちに捧げる大きな愛情が絶対に必要だということです。

僕は新米の父親ですが、子どもが成長していく過程で影響力はとてつもなく大きなものがあります。それこそ僕がこれまでの人生でいちばん感じたことです。

僕の理想の父親像。それは母のように優しさだけではなく、曲がったことを嫌い、間違ったことをしたときは叱り、同時になぜ怒られているかの説明をしっかりとする。そして、いつまでも味方でいてくれる。そんな父親になりたいと思っています。

サッカーに関してはもっと貪欲に、納得のいくまでチャレンジし続けたいと思っています。

いくつになっても挑戦する価値があるし、夢を諦めてはいけない。

嬉しいことや幸せに感じることは全体の3割、もしかしたら2割くらいかもしれません。けれど、その2割、3割のために全力を注ぎ、考え、努力し、諦めずチャレンジし続けることで必ず道は開けてくると信じています。

中途半端な思いだったら届かないかもしれないけど、本気の思いであれば、どれだけ劣勢に立たされていても、くじけることはありません。

僕は幼少期からそうやって諦めが悪く、なにごとにも本気になり、なにが必要なのか、どうやったらもっとうまくなるのかを考えながら努力してきました。

自分の本音、理想、希望に嘘をついてはいけないし、現実から目を背けてもいけません。

才能や現実を理由にするのは簡単ですが、それではその時点で道が途絶えてしまうと思います。

諦めない人たちだけが次に進むことができる。次に進めるということは、そのときの自分を超えて新しい景色が見える。

この喜びはなににも変えられないもの。そして、その新しい景色が見えてきたときというのは、本音に従い、やりたいプレー、なりたい自分を純粋に求めたときでした。

いま、僕はそのときをまた迎えています。実は僕自身も、ここ数年は本音で生きることができていませんでした。

でも、そんな自分に気づくことができました。いまは純粋に勝負したい。前に行きたい。あきらめが悪いといわれても、サッカー選手である以上、自分を信じて勝負を仕掛けていきたい。

ピッチではプレーで、そしてこの本では言葉を通じて、その姿勢や思いが伝えられたら、こんなに嬉しいことはありません。

ぜひ、みなさんも諦め悪く、本音で生きて、新しい景色を見ましょう。

最後に、この本を手に取ってくれた方の中で、僕と似たような環境にいる方々に一つの生き方や考え方が少しでも伝われば幸いです。

すべての人たちに感謝し、僕はこれからも前に進み続けます。

最後まで読んでいただき、本当にありがとうございました。

梅崎　司

構成者あとがき

サッカージャーナリスト　安藤隆人

「ずいぶんと刺々《とげとげ》しい奴だな」

僕が彼を最初に見たときの第一印象だった。

プレーを観たのはウメ（僕は彼のことを親しみを込めてこう呼んでいる）が高校3年のときで、取材をするようになったのはプロ1年目からだった。トリニータユース時代から、ほんわかした雰囲気を出す西川周作と福元洋平に比べて、ウメは尖っているというか、人を寄せつけない空気を放っていた。

もともとウメがいたU－18日本代表に惚れ込み、チーム立ち上げからすべての国内合宿、海外遠征に帯同するようになってから、ウメを取材する機会が一気に増えた。

だが、取材開始から1年近く、僕はウメに冷たくあしらわれ続けた。試合や練習の終わりに話を聞こうと待っていると、わざと自分と距離をとって歩いていったり、足を止めて話をしてもにこりともしないし、目も合わせてくれなかった。

最初は正直、「なんでだろう? 俺、彼の気に障ることでもしたのかな?」と疑問に思ったけど、その理由は彼の生い立ちが大きく影響していた。人を簡単に信用しない警戒心と、「俺はサッカーで這い上がる」という自立心と野心が、そういう態度をとらせていたのだった。

当時はそんなことを知る由もなかったが、そんな彼がある日突然、僕への態度を一変させたのだった。

それはいまでも忘れない、2006年1月のカタール国際ユースから帰国した空港での出来事だった。

「安藤さん、連絡先を教えてください」

空港の入国ゲートで、突然、ウメにこう話しかけられた。驚きながらも話し始めると、これまで見たことがないような満面の笑みで僕にいろいろ話をしてくれた。そこから一気に僕らは心が通じ合う存在になった。

一緒に食事に行ったり、ときには本気の相談をウメから受けるようになった。2006年11月にインドで開催されたAFC U−19選手権でも、決勝の北朝鮮戦の試合後のミックスゾーンで、PKを外したウメが、「安藤さん……ごめんなさい。俺が外してしまって……」と、自分の前で大号泣している姿を目の当たりにした。

グルノーブルに移籍したときは、現地まで取材に行って毎日いろいろな話をした。北京オリンピックのメンバーから落選した日、ウメから電話がかかってきた。僕は出張先だった鹿児島市の中心部にある公園のベンチで、夜遅くまで2時間以上話をした。大号泣しながら思いを話してくれるウメの声を聞いて、僕も涙を流した。

浦和に来てからも、本当にいろいろなことを包み隠すことなく話をしていた。怪我をしたときはすぐに報告してくれて、正直な心境を聞かせてくれた。僕とウメは選手とライターの関係ではなく、心を開ける親友となっていた。

あるとき、「なんでウメは、カタールから帰ってきた空港で僕に話しかけてきたの？」と聞いた。彼は笑いながらこう答えた。

「なんか、安藤さんを見ていると、本当にサッカーが好きなんだな、選手のことを思ってくれているんだなって伝わったんです。自分でもなにがきっかけかはわからないけど、『安藤さんなら心を通わせられる』と思ったんです。最初は、『なんだこいつ、話しかけてくんなよ』と思いましたけど（笑）」

そんな僕らが10年前に交わした約束があった。

「安藤さん、将来、俺の本を書いてくださいよ。そのために俺はもっと頑張りますから」

この約束がいま、こうして実現した。

具体的に話が動き出したのは3年前のことだった。ある日、一緒にご飯を食べていると、ウメが「本を出したい」と言ってきたのだった。嬉しかったけど、正直、困った。なぜなら、ただのサッカー本をいま出しても、多くの人に読んでもらえないのではないかと思ったからだった。もちろん、ウメは浦和レッズでレギュラーをつかみ、一流のJリーガーとなった。でも、僕はウメの本を「ただのサッカー選手本」にしたくはなかった。

だからこそ、「出したいね」と本人に伝えたとき、「でも、いまじゃない。ウメにしか書けない内容の本にしたいし、ただ出すのではなく、いつまでも人の記憶に残る作品にしたいんだ。そう考えると、いまじゃない」とはっきりと伝えた。

正直、当時の僕には、ウメの本の明確なストーリーが浮かばなかった。

でも、今年に入って、僕の中で大きな変化があった。それはウメがあるトークイベントで自分の生い立ち、家庭環境を口にしたことを聞いてからだった。

もちろん、ウメのそうした背景は昔から知っていたが、それを公共のメディアや多くの人たちにさらすことに僕は抵抗を感じていた。でも、本人がそれを公にしたのだった。

その事実を知って、僕はすぐに彼に電話をした。

「自分の過去を話しても大丈夫なの?」

そう聞くと、彼はこうはっきりと言った。

「はい、もういいんです。最近、自分の経験してきたことや歩んできた人生が、誰かの役に立つんじゃないのかなって本気で思うようになったんです」

その言葉を聞いたとき、僕の目から涙がこぼれた。梅崎司という人間はなんて強くて、まっすぐな人間なんだと思った。

「ウメ、本を出そう！」

電話越しに本人は驚いていたけど、僕はそう決意した理由を彼にぶつけた。

「わかりました。安藤さんの思いは伝わりました。出しましょう」

さっそく僕は動き出した。すると東邦出版さんがすぐにOKを出してくれた。ウメ、母・庭子さん、弟・渉がすべて包み隠さず、嫌な過去を掘り起こしながら話してくれた。

制作期間中に実際に諫早に行って、ウメが過ごした幸町の2軒の家、新道の家、城見の実家すべてを回った。案内をしてくれたのは、高介叔父さんだった。

幸町、新道の家はすでにほかの家族が住んでいて、城見の実家は時間が止まったままだった。

現在もキックスFCの代表を務める川内さん、韓国に渡ってファンボさんにも会ってきた。

そこで感じたのは、本当にみんながウメを支えてくれていたこと。くじけることなく全力で突き進むウメをずっとサポートしてくれていたし、なによりウメという人間を愛していた。

この本の制作を通じて、僕自身も多くのことを学ばせてもらった。

だからこそ、この本は「ただのサッカー選手本」では決してないと確信している。

「生まれた瞬間に、その家が我が家なのは間違いないし、それを覆すことは絶対にできない。その事実は変えられない」

ウメのこの言葉に、僕自身もハッとさせられた。子どもは親を選べない。だからこそ、親には子どもをしっかりと育てる責任がある。子どもは決して大人の操り人形でも、所有物でもなんでもない。一人の自我のある人間だ。だからこそ、愛情だけでなく尊重する気持ちを持たないといけない。

庭子さんの言葉で心に刺さったものがある。それはウメが庭子さんに、「ぶっちゃけ、途中で俺らを置いて出ていこうとか、一緒に心中しようとか思わなかったの？」と聞いたときだった。

「渉と一緒に死のうと思ったことはあったよ。それは夜逃げをして城見の実家に行ったとき、私の母に、『潔に似とる渉はいらん、新道に置いてきんさい』と言われたときは、もうね……。でも、すぐに司の顔が浮かんだし、渉の人生を私が勝手に終わらせるなんてできないと思った。置いていくなんて考えは一切なかったよ。なんでこんなに可愛い私の子を置いていかなくちゃいけないのよ。冗談じゃないよ」

それまでの朗らかな雰囲気から一変し、真剣な表情でこう話した庭子さんを見て、だからこそウメのような人間が育ったんだなと納得できた。

この本を読んだ人の中で、もし目の前に嫌なことや不安、絶望を抱えている人がいるならば、彼の生き方、考え方からなにかを感じ取ってもらえたら嬉しい。

目の前で起こっていることがすべてだと思ってほしくない。その先にある希望、夢に目を向けてほしい。

そして、もし自分の身近にそういう人がいたら、全力で応援してあげる側に立ってもらいたい。一人でも自分を全力で応援してくれる、自分を肯定してくれる人がいれば、それだけで希望や夢につながる。梅崎司における母であり、叔父さんであるように――。

全力で突き進む人間に必ず味方は存在する。その歩みを続ければ続けるほど、味方は増えていく。

すべての人に、すべての家族にこの本を捧げたい。それが梅崎司が本を出す大きな意義なのだから。

最後に、梅崎司のこの本への思いが詰まった言葉をここに記したい。

「俺、小学生、中学生時代に「あの試合のあのゴール」「あのプレー」とかほとんど覚えていないんです。思い出すのはいつも家庭環境のこと。でも、高校時代は逆にサッカー一色。サッカーのどんな試合、プレー、会話でも思い出せます。それだけ小学生、中学生のときは心からサッカーを楽しめていなくて、サッカーは俺の中での一筋の希望の光で、それに必死にすがりついていたんだと思います。だからこそ、昔の自分のような闇の中にいる子どもたちになにか希望を与えてあげたいと思うんです。俺と似たような環境の人はたくさんいると思います。いまだからこそ自分の体験をふまえて、それを伝えられるんじゃないかなと。俺にとって過去の経験はすごく真っ暗闇なときもあったけど、いま思うと、起こったことすべてがあってよかったと本当に思っています。人間として成長させてもらったし、考える力をものすごく養ってくれた。小学生のときは小学生なりに、中学生のときは中学生なりに頑張って考えて、悩んで、もがいて、努力して、這い上がっていくことを繰り返して、いまの自分がある。その気持ちはずっと根底から変わっていないんです。俺の人生が少しでも誰かの指針になれたら嬉しいんです」

エピローグ

あらためて、この本を手に取って一読者として読んでみた。

冒頭から衝撃的な出来事が書き綴られていて、自分のことなのに第三者として衝撃を受けた。

そして、読み進める中で、記憶の扉が再び開き出すような感覚に陥った。

セピア色から鮮明な色彩まで、あのころの光景が次々と出てきた。壮絶な経験のフラッシュバックが繰り返され、裸足で外に出たシーン、いじめられたシーン、母を殴る父を止めに入ったシーン、そのときどきの経験がよみがえり、苦しかった思いが心に湧いた。

ところが、不思議と僕の心に暗い影を落とすことはなかった。どこか客観的に自分の人生を物語として読んでいる自分がいた。

その理由は、きっといまにある。

いま、僕は幸せな人生を歩んでいると思っている。妻がいて、二人の子どもがいて、大好きなサッカーをプロとして続けられている。

そして、その自分は、すべての過去の経験を積み重ねてきたからこその自分だと思っている。

僕が家出を決意して伝えた日のシーンを読んだときには、その瞬間を思い出して自然と涙が溢れた。15歳のときの自分の感情、想い。ずっと家の中や学校、そして道を歩いているときに考えていた、母と弟を連れての家出、そして、将来は僕が二人を養うという覚悟。

決意を固めたはずなのに、いざ、母に伝えようとしたときに、一瞬だけ声が出なくなった。心臓はバクバクし始め、手は震えていた。

でも、「伝えなきゃ、伝えなきゃ」という一心で言葉を振り絞った。

そのときの感覚は、いまでもはっきりと覚えている。自ら言葉にして母に伝えることで、自分の覚悟と決意を、絶対になしえないといけないものに自分で変えていく感覚だ。そして、それは「大人になってからも、この感覚を経験しているな」と、ふと思った。

たとえば、プロポーズをしたときも、「この人を守っていかないといけないな」「明るい家庭を築きたいな」など、やんわりイメージはしつつ、実際にそれを言葉にする時点で、かなりの責任をもって伝えている。「口先だけじゃダメだ」と、常に自分の心の中にあるからこそ、心臓の鼓動は高鳴るし、覚悟が決まる瞬間になるのだ。

二人目の子どもが生まれた日にも、「俺は今日ゴールを決める」と自分のなかでイメージをして、その決意が現実となる瞬間がきたときは、緊張感と高揚感に包まれた。

湘南ベルマーレに移籍したときもそうだった。自分が周りに言動で示さなくてはいけなくなったときに、口先では、「優勝するために」「タイトルを取るために」といくらでもいいことは言えても、チームメイトやメディアに伝えるときに自分が発する言葉に重みがないといけないと考えるようになった。そこには、15歳の自分の、強烈な原体験があった。

「もう逃げられないぞ、言ったからにはやるしかないぞ」

いま思うと、覚悟がいる決断をするときには、いつも無意識のうちに15歳の自分がいたように思う。そして、そのときどきの僕が奮い立つ。この繰り返しだったのかもしれない。

そして、たとえネガティブな状況に陥っているときでも、言葉はいつも未来に対して放っていたように思う。ネガティブな気持ちは一切なく、ポジティブな言葉を。

「こうなりたい」「こうでありたい」「俺がこうなるようにする」と強く思ったうえでの言葉。人生をいまよりよいものにする。理想とするものに近づける。そのために、これまでの経験は、すべて意味があったと思う。

いや、すべて意味あるものにしないといけないと思ったのが正解か。

人間、辛い過去ばかりに目を向けていたら、どうしてもネガティブな闇の中に入り込んで抜け出せなくなる。辛い過去、辛い現実があったとしても、顔を上げて未来を見つめることができるか、未来を信じることができるか。

もちろん、抜け出せない人が悪いとは思わない。むしろ、自分は運がよかったと思う。

その理由は、ネガティブな家庭状況の中でも、母が全力で僕たち兄弟を守ってくれて、いつも明るく立ち振る舞ってくれたから。そして、大好きなサッカーがあったからだ。

母の存在とサッカーの存在があったからこそ、顔を上げることができたし、未来を見つめることができた。

もちろん、この先、幸せな人生が待っているという保証はないし、サッカーにおいても必ず目標が達成できる保証はない。

でも、だからこそ、それをなしえようと信じること、行動することに大きな意味と価値があると思う。人としてこうなりたいと強く思うこと。それを言葉にして発すること。そこに大きなパワーが生まれてくる。

このパワーがあったから、大分トリニータU－18に入って、「こんな状況で本当にプロになれるのか」と厳しい現実を突きつけられても、くじけないで前に進むことができた。

もう必死だったから。長崎に戻った母と弟がいるから。応援してサポートしてくれる叔父さんがいたから。明確な目標があって、かつ支えてくれる人、誰よりも応援してくれる人がいたからこそ、僕は折れなかった。

それはプロになってからも変わらない。僕にはサポーターが応援してくれて、妻に出会って家族ができた。この本を二人三脚でつくってくれた安藤隆人さんも、僕を支えてくれた一人だった。

そして、変わらず誰よりも僕のサポーターでいてくれる母がいる。

僕は本当に人に恵まれていた。

すべてを打ち明けられる人がいて、本音のところでつながっていて、一緒に向かっていける人がいたからこそ、僕は歩みを止めることはなかった。

この作品を出してからも、本当にいろいろあった。

湘南ベルマーレでベテランとしてプレーしたものの、移籍2年目までは中心としてプレーできたが、3年目以降は怪我を繰り返し、出番は激減した。

思うようにチームに貢献できないまま、2021年7月、僕にとっては長崎よりも故郷だと思っている大分トリニータに完全移籍をした。

このとき、すでに神奈川には家を買っており、最初は単身赴任だった。

しかし、その間に神奈川で同居していた妻の母親の様態が悪化した。妻は一人っ子で、僕と同じ母子家庭だった。女手一つで妻を育ててくれた最愛の人の危篤状態に、妻は心身ともに憔悴し切っていた。

サッカーも大事だが、妻のほうがもっと大事だ。今まで好きなことをめいいっぱいやらせてもらったから、今度は僕が支える番ではないか。

考えに考え抜いた結果、僕は一つの結論を出した。

「俺、引退するよ、神奈川に帰るよ」

この言葉を伝えるときも、僕の心臓の鼓動は激しかった。言ったからには僕が家族を全力で守らないといけない。すると妻はこう言った。

「絶対に後悔するから、引退なんて言わないで。お母さんは、司が活躍する姿を見たいと思うよ。だから、サッカーを続けて」

この言葉に僕はハッとさせられた。自分がプロサッカー選手を続ける意義と覚悟が新たに生まれた瞬間だった。

でも、そのあとしばらくして、妻の最愛の母は息を引き取った。そして、最愛の母の死のショックから、妻はさらに憔悴していった。そこで提案した。

「みんなで大分で暮らそう」

違う土地で環境を変えて、いちから生活をしてみるのもいいじゃないかと伝えると、妻も子どもたちも受け入れてくれた。

だが、さらに思いもよらない事態が起こる。僕をずっと支えてくれて、いつも大きな愛で包んでくれていた僕の最愛の母・庭子がくも膜下出血で倒れたのだった。

埼玉の病院にいる母、大分にいる僕。シーズン中だったため、そばに行ってあげることもできない。

「手術が成功しますように」

祈るしかなかった。かなり危険度が高い手術で、死の可能性も覚悟しておかなければいけなかった。

「手術、成功したよ」

ずっと付き添ってくれていた弟から電話がかかってきて、身体の力が全部抜ける感覚だった。

母は生死の淵をさまよってから、僕らの前に帰ってきてくれた。

「心配かけてごめんよ。もう大丈夫けん、司のことを応援するよ！」

退院して2カ月後には、関東のアウェイの試合のスタンドで、全力で僕を応援してくれる母の姿があった。スタンドに留まらず、サポーターのみなさんと同じようにバス待ちをしてまで、

「司～！」

そう手を振る母の姿があった。やはりあのころと変わらず、自分のことよりも子どもたちのことを第一に考える母だった。

そして、ホームスタジアムであるレゾナックドーム大分のスタンドには、愛する妻と子どもたちの姿がある。さらに、僕を10代のときから応援してくれているトリニータサポーターがい

る。

「ベテランだけど、若い選手たちに負けないようにプレーするけん、見といてな！」

そう、僕にはどんなときでも、なにがあっても、全力で応援してくれる人たちがいる。だからこそ、走り続けられている。

さまざまな思いが込み上げた。いま自分が15歳でやってきた大分トリニータで、自分にとって故郷だと思っている大分の地にいる意味と意義をかみしめながら、僕はこの本の最後のページを開いた。

この瞬間、頭の中である光景が広がった。

大分市街を一望できる高台にある大分トリニータのクラブハウスと綺麗な天然芝のグラウンド。僕は一人、このグラウンドに立っていた。

しばらくボーっとしたあと、僕はクラブハウスに戻ろうとした。すると、クラブハウス越しにある、人工芝のグラウンドに目が留まった。

あのグラウンドは、トリニータのU－18の選手たちが練習するグラウンドだ。彼らは、僕が立っていた天然芝のグラウンドで練習することを目標にして、日々、トレーニングに打ち込んでいる。

すると、ふと人工芝グラウンドを走る一人の選手の姿が見えた。その選手は危機迫った表情で黙々と走っている。

「なんであんな表情で走っているんだろう。なにかに追い込まれているのかな。もっと楽しそうに走ればいいのに」

そう感じると同時に、

「ああ、昔の自分のようだな」

と感じた。そう思いながらじっと見つめていると、その選手は立ち止まり、こっちを見てきた。その表情を見てハッとした。それは高校生のときの僕だった。

「必死か？　もがいているか？」

そう問いかけると、彼は黙ったまま、こちらを見つめている。

「そのまま頑張れ。お前らしくもがいて、考えて、周りの人を大事にしながら努力をすれば必ず報われるよ」

そう続けると、彼は必死の形相でこう返した。

「大人になった俺ですよね？　教えてください、俺、これでいいんですか？　これは正解なんですか？」

彼は目の前のことに全力を尽くしていた。未来の自分が幸せか、苦しみから抜け出せているかではなく、いま自分がやっていることに対しての問いかけだった。先が見えなくなるようなことがあっても、絶望するのではなく、必死で前に進もうとしている姿があった。

「自分で考えて、自分で感じて、正解を出しなさい」

彼は、

「わかりました。ありがとうございます」

そう頭を下げてから再び走り出した。僕もいま目の前のことに全力を尽くすために、彼に背を向けて歩き出した。心の中で、

「それでいいよ。そうすればこの先、面白い人生が待っているよ」

そうつぶやきながら。


最後の1ページを読み終え、そっと本を閉じた。

あらためて読んでみると、思った以上に自分が過去のできごとを受け入れていることに気づいた。僕はこれまで細かい後悔はいくらでもしているが、大きな後悔はしていない。

自分の人生の選択、考えてきたことは、自分にとって大きな価値を生み出してきたと胸を張って言える。

失敗のない人生なんてない。成功だらけの人生もない。大事なのは嘘偽りのない人生を送ることができたかどうか。

真っ直ぐに自分と向き合って、悩み、考え、大きな失敗、小さな失敗を経験して、そこから小さな成功をかき集めて、それがやがて大きな成功だと感じられるような人生を、僕はこれからも送りたい。

36歳の梅崎司。いま、僕が未来に放つ言葉は、

「大志を抱いて大きく成長してほしい。そのためにもっとチャレンジしてほしい、もっと真剣に考え抜いて行動をし続けてほしい」

多分、これを聞いている将来の自分はこう答えるだろうな。

「大丈夫だ、そのままでいい。そうすればこの先、面白い人生が待っているから」

15歳の僕、36歳の僕、未来の僕。それは、1本の線でつながっている。だからこそ、いま抱いている思いをやり続けることで、一つの大きなストーリーになるだろう。

覚悟をもって自分の思い、考えを言葉に発して相手に伝えることができるか。

覚悟をもって発した言葉は一生消えない。いつまでも心の奥に残り続けるから。

僕は自分の人生でそれを学んだからこそ、決意と覚悟の言葉を発するそのときまでは、僕は自分らしくもがいて、考えて、周りの人を大事にしながら、前に進み続けたいと思う。これからもずっと――。

梅崎司（うめさき・つかさ）

1987年2月23日、長崎県諫早市生まれ。プロサッカー選手。

大分トリニータの育成組織から2005年にトップ昇格。2006年には日本代表に初招集され、デビューを飾った。2007年にフランスのグルノーブル・フット38へ移籍。同年6月に大分トリニータへ復帰。U-20日本代表では、FIFA U-20 World Cup 2007で日本のベスト16進出に貢献。2008年に浦和レッズへ加入。2009年から2011年まで度重なる怪我に見舞われるが、2015年にはJ1リーグ1stステージ優勝。翌年はJ1リーグ2ndステージ、YBCルヴァンカップ優勝というタイトルを獲得したが、シーズン途中で再び大きな負傷に見舞われて戦線離脱。2017年に再び復帰し、浦和レッズ在籍10年目を迎えた節目のシーズンに、AFCチャンピオンズリーグ2017優勝という大きなタイトルの獲得に貢献した。2018年に湘南ベルマーレへ移籍。同年にYBCルヴァンカップ優勝を手にした。2021年7月に大分トリニータへ移籍。2023年からは、キャプテンとしてチームを牽引している。

構成　安藤隆人
装丁　須永英司（grassroad）
写真　浦正弘（帯、口絵）
アフロ　ゲッティイメージズ（口絵）
校正　月岡廣吉郎　安部千鶴子（美笑企画）
組版　キャップス
協力　株式会社ユニバーサルスポーツジャパン
編集　苅部達矢

15歳　サッカーで生きると誓った日

第1刷　2023年12月31日

著者　梅崎司
発行者　小宮英行
発行所　株式会社徳間書店
〒141-8202 東京都品川区上大崎3-1-1 目黒セントラルスクエア
電話／編集 03-5403-4344　販売 049-293-5521
振替／00140-0-44392
印刷・製本　大日本印刷株式会社

ISBN978-4-19-865770-3

ムサシと武蔵

鈴木武蔵

僕の肌の色はなぜ黒いのか？ 自分は日本人なのか？ ジャマイカ人の父と日本人の母の間に生まれ、6歳のときにジャマイカから日本に移住をすると、待っていたのは、「周りと違う」という見た目によるいじめや差別だった。サッカーを心の支えに、いじめと差別に耐えながら日本人として生きていくうちに、周囲の目を気にする「ムサシ」から、自分の心の真ん中に軸を持つ「武蔵」へと内面を変えていく。日本を代表するストライカーが、初めて赤裸々に明かす、苦悩と歓喜に揺れた半生を綴った生き方本。

定価：1,650円（税込）／四六版ソフトカバー／224ページ／ISBN：9784198652050